suhrkamp taschenbuch 5370

María, fast noch ein Mädchen, kommt Ende der Sechziger aus der verschlafenen Provinz nach Madrid. In den Augen der Familie hatte sie einen unverzeihlichen Fehler begangen. Nun arbeitet sie als Kindermädchen, als Hausangestellte, der komplette Lohn fortan bestimmt für die zurückgelassene, fast unbekannte Tochter. Alicia, Marías Enkelin, bleibt fast fünfzig Jahre später nur die gleiche Flucht in die Stadt. María und Alicia, beide führen sie ein Frauenleben, beiden fehlt das Geld. Und damit die Zuversicht und das Vertrauen. In sich selbst, ihre Männer, dieses Land, in dem sich alles verändert zu haben scheint, bis auf das eigene Elend. Und plötzlich fordert jede auf ihre Weise die hergebrachte Ordnung heraus.

Elena Medel, geboren 1985, gelang mit ihrem Debütroman *Die Wunder* ein literarischer Sensationserfolg. Als erste Frau gewann sie den prestigeträchtigen Premio Francisco Umbral. Übersetzungen in 15 Sprachen folgten. Im Alter von 19 Jahren gründete Elena Medel ihren eigenen Lyrikverlag, La Bella Varsovia. Drei Gedichtbände, zwei Bücher mit Essays erschienen in unabhängigen Häusern. Elena Medel lebt in Madrid und arbeitet an einem neuen Roman.

Susanne Lange lebt als Übersetzerin (u. a. García Lorca, Juan Rulfo, Alejandro Zambra, Juan Gabriel Vásquez und Javier Marías) in Berlin und bei Barcelona. Bereits mit anderen Preisen ausgezeichnet, erhielt sie für ihre Neuübersetzung von Cervantes' *Don Quijote* den Johann-Heinrich-Voß-Preis. Sie ist Mitherausgeberin der vierbändigen Anthologie *Spanische und hispanoamerikanische Lyrik*.

# elena medel

# die wunder

Roman

Aus dem Spanischen von
Susanne Lange

Suhrkamp

Die Originalausgabe erschien 2020 unter dem Titel
*Las maravillas*
bei Anagrama, Barcelona.

Die Übersetzung dieses Buches wurde unterstützt
von der Acción Cultural Española, AC/E.

ACCIÓN CULTURAL
ESPAÑOLA

**Klimaneutral**
Druckprodukt
ClimatePartner.com/14438-2110-1001

Erste Auflage 2023
suhrkamp taschenbuch 5370
© der deutschsprachigen Ausgabe
Suhrkamp Verlag AG, Berlin, 2022
© Elena Medel Navarro, 2020
Alle Rechte vorbehalten.
Wir behalten uns auch eine Nutzung des Werks
für Text und Data Mining im Sinne von § 44b UrhG vor.
Umschlagfotos: Jan Reiser; Cyndi Hoelzle/EyeEm/Getty Images
Umschlaggestaltung: Anzinger und Rasp, München
Druck und Bindung: CPI books GmbH, Leck
Printed in Germany
ISBN 978-3-518-47370-2

www.suhrkamp.de

die
wunder

*Clearly money has something to do with life.*
                                        Philip Larkin

# DER TAG
Madrid, 2018

Sie gräbt in ihren Taschen und findet nichts. Die in der Hose leer, auch die im Mantel: nicht mal ein zerknülltes, feuchtes Taschentuch. Im Portemonnaie gerade noch ein Euro zwanzig. Alicia braucht das Geld erst nach dem Schichtwechsel, aber es ist ein ungutes Gefühl, fast blank zu sein. Ich arbeite im Bahnhof, in einem der Läden für Snacks und Süßigkeiten, dem bei den Toiletten. So stellt sie sich gewöhnlich vor. In Atocha muss sie an allen Geldautomaten Gebühren bezahlen, also steigt sie eine U-Bahn-Station vorher aus, zieht sich in der Filiale ihrer Bank zwanzig Euro und ist etwas ruhiger. Alicia, den einsamen Schein in der Tasche, blickt zur Glorieta hinüber, fast leer, kaum Autos, kaum Fußgänger. Hell wird es erst in ein paar Minuten. Wenn sie die Wahl hat, nimmt Alicia immer die Nachmittagsschicht, dann muss sie den Wecker nicht stellen, ist bis zum späten Abend im Laden und geht direkt nach Hause. In diesen Wochen, bei weitem die meisten, beschwert sich Nando; sie schiebt die Bitten ihrer Kollegin vor: Die hat zwei

Kinder, und die Frühschicht passt ihr besser. So bleiben ihr die Morgenstunden, und sie erspart sich die Abende in der Bar mit seinen Freunden – durch die Macht der Gewohnheit auch die ihren –, die billigen Tapas, die Babys inmitten schmutziger Servietten. Alicia hatte gedacht, die anderen Frauen würden, nachdem sie Mutter geworden waren, die Tradition begraben, aber sie bleiben, bis die Kinder ins Bett müssen, und schlafen die tief genug, kommen sie manchmal sogar zurück. Nando ist enttäuscht, dass sie sich dem Ritual entziehen will. Tu wenigstens das für mich, verlangt er. »Das« meint manchmal, ihre Abende in der Bar unten zu vergeuden, manchmal, ihn auf der jährlichen Radrallye zu begleiten. Er tritt in die Pedale, sie fährt mit den anderen Frauen im Auto nebenher, und Alicia denkt, dass der Ausdruck »Ehebande« niemals sprechender gewesen ist: An diesen Wochenenden jucken ihr die Handgelenke, als wären sie gefesselt. Nachts in der Pension – raue Laken – beißt Nando sich auf die Lippen und hält ihr den Mund zu, damit kein Laut sie verrät, und fragt anschließend, warum sie diese Ausflüge meide, wenn sie ihr doch so guttun.

So geht es Tag auf Nacht auf Tag auf Nacht auf Tag, der eine wie die andere, ohne einen einzigen Morgen, an dem Alicia krankgemacht hätte und bummeln gegangen wäre, ohne eine einzige Nacht, in der sich in ihrem Kopf nicht der gleiche Albtraum abgespielt hätte. Ihre Chefs – sie hatte schon einige, junge Männer, früher etwas älter als sie, inzwischen sind sie ein paar Jahre jünger und stecken das Hemd in die Hose – wundern sich, wie lange sie schon auf derselben Stelle ausharrt; einige fragen, ob es sie nicht langweile, für Reiseproviant zu kassieren, und sie antwortet, es mache ihr Spaß – das wissen sie zu schätzen: Diese Freude der Schokoriegelverkäuferin beruhigt sie, sag mal, Patricia war dein Name, stimmt's –, das sei ihr genug. Einer wollte wissen, ob Alicia keine Träume habe: Wenn du wüsstest, und sie dachte an den taumelnden Mann, an den leblosen, rotierenden Leib, während der damalige Chef in ihrem Kopf Luxusappartments im Zentrum vermutete, Monate an Stränden mit durchsichtigem Wasser.

Ob Früh- oder Spätschicht, ihre Gewohnheiten bleiben gleich: Wenn sie vormittags arbeitet, holt sie nachmittags Nando ab oder wartet auf seinen Anruf, und sie treffen sich unten in der Bar, umgeben von den plärrenden Kindern anderer; wenn sie nachmittags arbeitet, hat sie mehr von ihrer Zeit. Manchmal schminkt sie sich morgens ein wenig – sie weiß nie so recht, was sie betonen soll: Mit den Jahren hat sich Fett an Hüften und Schenkeln gesammelt, es bleiben die Mausaugen, die sie von ihrer Mutter geerbt hat und diese von ihrem Vater, ein Jammer, meint Onkel Chico –, sie geht in Viertel, in die Nando niemals einen Fuß setzen würde, zeigt sich allzu interessiert, wenn sie in einer Bar Kaffee trinkt, in der die Köchin noch nicht mit der Arbeit begonnen hat, oder vor der Theke einer Fleischerei, die bald schließen wird. Wenn Nando nicht fort war, hielt sie sich anfangs zurück, aus Angst, entdeckt zu werden, aber dann geschah es doch: Sie füllte gerade Formulare für die Sozialversicherung aus, und ein Typ im Wartesaal wollte ihr unbedingt den Roman erzählen, den er gerade las. Alicia schämt sich langsam ihres Körpers, sie ließ sich die Gelegenheit nicht entgehen.

Die Glorieta de Atocha fast leer, kaum Autos, kaum Fußgänger. Hell wird es erst in ein paar Minuten. An der Cuesta de Moyano sind die Bücherstände noch verrammelt, ein paar violette Tupfer – die Frauen macht sie in der Ferne aus –, die beim Karussell Transparente stapeln. Sie hat im Fernsehen etwas über den heutigen Tag gehört, aber gleich ist sie wieder abgelenkt, die Ampel springt auf Grün, sie geht zum Bahnhof hinüber, denkt an Dinge, die ihr wichtiger sind.

María schläft gut, tief und fest. Als sie in den Ruhestand gegangen ist, hat sie den Wecker in eine Plastiktüte gesteckt und bei der Bürgerinitiative ins Tauschregal gestellt, vielleicht braucht ihn jemand. Seit Jahren schon hatte sie ihn nicht mehr benutzt – sie hat ihn wie alle Welt durch den Handyalarm ersetzt –, aber sie hielt es für eine symbolische Geste, wie gemacht für die Geschichte einer anderen: Jetzt, da ich ihn nicht mehr brauche, dachte sie, soll er jemandem von Nutzen sein, der früh aufstehen muss, soll er eine andere Geschichte begleiten, in der jemand vor Tagesanbruch das Haus verlässt. Fast immer wacht sie von allein auf. Sie stört das trübe Licht, das durch die Jalousien sickert, die rauschende Dusche des Nachbarn. Seit Monaten schon bereiten sie diesen Tag vor. Gestern Abend hat eine Freundin María eine WhatsApp geschickt: »kannnich glaubn, ds so weit is«. Bei Versammlungen und Kreistreffen relativiert María die Begeisterung der jungen Frauen: Mein ganzes Leben lang, all die siebzig Jahre, die ich bald erreiche, habe ich gelebt, um heute aufzuwachen, mich mit euch zu vereinen, mit euch zu marschieren. Bei der Bürgerinitiative hört sie: Jede, die will, soll in den Arbeitsstreik treten, soll in den Konsumstreik treten, soll in den Hausarbeits- und Sorgestreik treten. Jede soll sich aussuchen, was ihr passt, alle sind uns nützlich, wir verteilen hier keine Diplome für Feministinnen. Mein Mann wird sich umsehen, wenn heute nichts auf den Tisch kommt. Mach ihm doch ein Lunchpaket, eine Suppe, die soll er sich warm machen. Nicht mal das kann er? Nächste Woche Mikrowellenlehrgang, Grundbegriffe. Ich geh zur Arbeit, an dem Tag gibt's Lohn, da kann ich nicht fehlen, aber nachmittags stoße ich bei Atocha zu euch. Und um sich selbst darf man sich sorgen? Bevor ich komme, will ich in die Badewanne, bis ich zur Rosine verschrumpelt bin. Na klar, heute sorgst du für dich selbst und sorgst für die Frauen.

Gestern Nachmittag hatten sie sich bei der Bürgerinitiative getroffen. Die einen bereiteten Sandwichs für die vor, die am nächsten Tag auf der Straße die Frauen informieren würden, die aus dem Supermarkt kamen oder doch zur Arbeit gingen; die anderen würden nicht etwa Streikposten stehen, sondern in aller Frühe ins Büro der Initiative kommen und berichten, was in all den anderen Städten geschah, auch in ihrer. Darf man beim Streiken Radio hören? Darf man im Internet surfen? Sie wickelten eine Backform aus der Alufolie und verteilten Kuchen. Sie hatten Empanadas gebacken, die jungen Frauen Hummus und Guacamole gemacht; eine der Veteraninnen tauchte den Löffel in die Tonschüssel wie in einen Eintopf oder eine Suppe. So isst man doch keinen Hummus, die Mädchen lachten. Das war ihr zu modern, sie dachte an ihre Mutter, die den Krieg miterlebt hatte und Lebensmittel niemals so verschwendet hätte: Wo kommt ihr denn her, aus dem Nildelta oder aus Carabanchel, hier in Carabanchel gehören die Kichererbsen in den Eintopf. Während sie das Toastbrot mit Chorizo und Salami belegten, es in Dreiecke schnitten, in Plastikfolie wickelten und im Kühlschrank verwahrten, um es am nächsten Tag zu verteilen, zählte María die Streiks und Demonstrationen auf, an denen sie nicht teilgenommen hatte: die in den Siebzigern unter Suárez, vor und nach den Wahlen, die des Nein zur NATO, die von 85 gegen die Rentenreform, der Generalstreik von 88, die beiden in den Neunzigern, die Demos gegen den Irakkrieg, die von 2010, die beiden von 2012 – die eine gegen Rajoy, die andere europäisch –, der »Zug der Freiheit« für das Recht auf Abtreibung. Bei den grünen Wellen warst du dabei, erinnert sich eine der Jüngeren, eine Studentin, bei den Demonstrationen der Marea Verde bist du mitgegangen, und María erzählt, bei einer habe sie eine Journalistin gefragt, ob sie für ihre Enkelin demonstriere, und auf die Tochter einer Freundin gedeutet, sie wusste nicht, was sagen, und hatte bejaht, für ihre Enkelin und die Freundinnen ihrer Enkelin, und die Mädchen aus der Jugendgruppe der Initiative hatten in die Kamera gewinkt, als wären sie ihr Fleisch und Blut. María war vertraut mit diesen Vor- und Nachnamen, die zu ihrer Biografie gehörten – Felipe, Boyer, Aznar – und die niemals etwas von einer Frau erfahren würden, die Ende der Sechziger aus einem nie zu Ende gebauten Viertel einer Stadt im Süden nach Carabanchel gezogen war. Eine Ministerin unter Zapatero hatte den Frauen der Bürgerinitiative einen Preis verliehen, doch sie war nicht dabei gewesen. Die Verleihung hatte vormittags stattgefunden, und sie hatte sich nicht freinehmen können.

Nando bittet, gib mir wenigstens das, Alicia. »Das« meint nicht mehr die Ehe, auf die Alicia dann doch eingegangen ist, weil sie ihr diese triste Wohnung in einem tristen Viertel sicherte, und meint auch nicht die Kinder. Nando hat sich – fast – damit abgefunden, dass sie nie geboren werden. »Das« manifestiert sich bei ihrem Mann gelegentlich als Wochenende mit dem Radsportverein, schöne Landschaften in nicht optimaler Gesellschaft, oder als zusätzliche Strandtage mit seiner Mutter, der gegenüber Alicia den gesunden Brauch des Schweigens pflegt; »das« manifestiert sich als Samstagabend bei einem befreundeten Paar und als Abendessen in einem Restaurant im Viertel. Alicia hat sich auf »das hier« eingelassen – auf »das hier«, nicht auf »das«: auf Nando, mit Nando zu leben, ihn zu heiraten, ihr Leben dem seinen anzupassen –, und die Weigerung, Kinder zu bekommen, zwingt sie zu einem täglichen Nachgeben: Wer etwas haben will, muss etwas bieten; wer etwas verweigert, muss dafür entschädigen. Alicia hat noch Zeit: Und wenn sie ja sagt, einverstanden, wenn sie Glück haben und es sofort klappt, wenn sie in einem Jahr ein Beistellbettchen anbauen, damit sie das Schreien gleich hören? Wie mühsam wäre es für Alicia, die zusätzlichen Kilo wieder loszuwerden? Würden ihre Chefs honorieren, dass sie jahrelang erklärt hatte, der Hamburger sei nicht im Angebot enthalten, oder sie durch eine zehn Jahre Jüngere ersetzen, der es ebenso egal ist wie ihr, für einen Hungerlohn zu arbeiten? Die Milchtröpfchen, die den BH nässen, der schlaffe Bauch. Sie würde sich eine andere Strategie ausdenken müssen, die Angel auszuwerfen, denn Alicia lässt sich schon jetzt auf allzu alte oder durchgeknallte Männer ein, wenn ihr nichts Besseres über den Weg läuft, und sie befürchtet, dass nicht einmal die ihren Mutterkörper hinnehmen würden. Der Mutterkörper ist für keinen Mann ein Glücksfall. Ihren Mutterkörper, kann sich Alicia den vorstellen? Wie wird Nando reagieren, wenn ihre Brüste noch mehr hängen, wenn sie Streifen an den Schenkeln bekommt? Nando wird sie nicht mehr mit dem Vornamen anreden, wird sie – sogar vor anderen – »Mama« nennen, als hätte Alicia gleich doppelt entbunden. Vorher hätte er sich den Sex verboten, aus Angst, mit seinem Ungestüm das Genie seines Sprosses zunichtezumachen – ein Vorteil für Alicia: die Verwandlung von der Ehefrau zur Mutter würde sie vor der Lust ihres Mannes schützen –, er hätte ihr Tee gegen die Übelkeit der ersten Monate gekauft, Beißringe und Stillkleider. Sie denkt an ein Baby – nennen wir es Alicita –, das es nicht gibt, also vergnügt sie sich mit der Vorstellung von Alicita, von dem, was Alicita mit sich bringt – ob sie ihre Mausaugen bekommt oder Nandos Augen? –, und sie googelt: mitwachsendes Umstandskleid, Umstandsshirt, die Brüste in einem dieser scheußlichen BHs. Mit etwas Glück verguckt sich Nando während ihrer Schwangerschaft in eines der Mädchen, die im Lager arbeiten, in der Verwaltung – er erwähnt mehrere, sympathisch und hoch qualifiziert: sie hat ihre Namen vergessen –, und lässt sie eine Zeitlang in Ruhe, ein paar Monate, den Rest ihres Lebens. Was wird sie unterdessen mit Alicita machen, falls Alicita existieren sollte, wenn Nando sich amüsiert? Als Erstes fällt ihr ein, sie für ihre Eskapaden in der Stadt zu benutzen: Ein Mann tritt zu ihnen, unter dem Vorwand, ihr beim Zusammenfalten des Kinderwagens zu helfen, eine süße Grimasse führt zu einem Gespräch auf dem U-Bahn-steig. Wie alt ist die Kleine – Alicita in rosa Spitzen, zwei kleine Perlen an den Ohrläppchen, fast von Geburt an –, und sie wird begeistert antworten, irgendeine Geschichte erfinden, da Alicita keinerlei Regung zeigt, nichts hört, ihr Leben aus wenig mehr besteht als aus Weinen, Trinken, Scheißen und Gewickeltwerden. Alicita in einer Wohnung in Palomeras oder Las Tablas neben einem Schirmständer geparkt, während ihre Mutter es mit einem Unbekannten treibt, der sie um ihre Telefonnummer bittet, damit sie sich wiedersehen, und wochenlang Fotos von seinem Schwanz an einen Mathematiklehrer in Cartagena schickt, dessen Nummer in drei, vier Ziffern mit Alicias übereinstimmt. Sie hält ihr Lachen nicht zurück, auch wenn die Kunden sie hören können. Und wenn Alicita von diesen Treffen ein Bild, ein Klang im Kopf bleibt? In den Träumen ihrer Tochter für den Rest ihres Lebens ein Frauenkörper auf dem eines Mannes, ein Männerkörper auf dem einer Frau, Rauputzwände einer Wohnung mit dreißig Jahre alten Möbeln, jemand soll unten liegen, jemand soll oben liegen, und dann plötzlich, unmittelbar vor dem Erwachen, entdeckt Alicita ihr eigenes Gesicht in dem der Frau, die neben einem Körper liegt, von dem sie nichts weiß und den die schwitzende Frau verachtet, endlich glücklich für einen Augenblick.

Und früher auf den Versammlungen, gab es da viele Frauen, María? Das hatte unschuldig eine der ganz Jungen gefragt, fast noch ein Teenager, von den Fingerspitzen bis zum Handgelenk Spuren von Schmierfett. María musste immer wieder an diese Hände denken, so jung und schon verunstaltet, denn in ihnen deutete sich jemand an, der sie mehr würde benutzen müssen als den Kopf. Sie bewunderte, wie sich das Mädchen – die Tochter der Tochter einer Freundin, sagte sich María mit seltsamem Stolz – trotz ihrer Jugend artikulierte, die kategorische Art, in der sie ihre Gedanken zum Ausdruck brachte, ihr Verständnis für Andersdenkende, und zugleich beruhigte sie diese Zwischenbemerkung, bei der sie wieder zu ihrem Alter zurückfand: Ich kann einfach nicht glauben, dass die Männer dich nicht haben reden lassen. Ich war immer mit den Männern der Bürgerinitiative zusammen, erklärte María. Einer von ihnen wurde mein Freund, fünf, sechs Jahre nachdem ich nach Madrid gekommen war. Ich habe ihn immer zu den Treffen begleitet, bei denen es um Verbesserungen fürs Viertel ging. Damals gab es hier viele heikle Ecken, mehr als heute, vor aller Augen haben sie sich Drogen gespritzt, vor meiner Haustür, haben nicht nur Taschen weggerissen, die brauchten mehr, und es gab noch die Baracken und dahinter das Gefängnis. Wir hatten das Gefühl, südlich des Flusses existiert niemand: niemand, das waren natürlich wir Frauen. Ich habe angefangen, mir Gedanken über das zu machen, was bei den Treffen geredet wurde, habe Namen von Schriftstellern notiert, die die Männer dort erwähnten, auch andere, mit denen ich weniger Kontakt hatte, im Lokal der Bürgerinitiative oder in den Bars, wo wir etwas trinken gegangen sind. Ich bin von einem Schriftsteller zum nächsten gesprungen, und deren Gedanken habe ich dann diesem Mann erzählt, meinem Freund, Pedro hieß er, und bin sie mit ihm durchgegangen. Der hat sie dann bei der nächsten Versammlung den anderen vorgestellt: So ein schlauer Kerl, der ist ja ein halber Professor, alle haben ihn bewundert. Ich bin stumm geblieben, denn alles, was ich mit meiner Stimme hätte sagen können, klang in seiner besser. Ich habe mich aber mit anderen Frauen zum Kaffee getroffen, mit deiner Großmutter und anderen Freundinnen, mal im Wohnzimmer der einen, mal bei der anderen, mal bei mir, und da haben wir über Themen gesprochen, die uns näher waren und die Männer wenig interessierten: Scheidung, Abtreibung, Gewalt, nicht nur die mit Fäusten, sondern die mit Worten. Deine Mutter hat mir Bücher empfohlen, aus ihrem Studium, und ich habe weitergelesen und gemerkt, je mehr ich auf eigene Faust denke, desto unbehaglicher fühlt sich Pedro. Deine Mutter und ich, wir haben miteinander geredet, haben geredet, wie wir es seit eh und je tun, und schließlich gefragt, ob wir eine Frauengruppe der Initiative gründen dürfen. Sie dachten wohl, wir würden Rezepte austauschen oder Kleidung, die uns nicht mehr passt. Wir haben uns mit deiner Mutter und ein paar ihrer Studienfreundinnen hier getroffen und sind ihnen allmählich auf die Nerven gegangen. Die Stadtverwaltung hatte uns einen Raum überlassen und ihn wieder einkassiert, als wir uns über die mangelnde Parkbeleuchtung beschwerten; wir haben Geld zusammengekratzt und selbst etwas gemietet. Ich habe mich damals halb totgearbeitet, als Putzfrau in Büros, bei Nuevos Ministerios, habe auf dem Rückweg in der U-Bahn ein Sandwich gegessen oder rasch irgendwo einen Imbiss im Stehen; und abends habe ich mich manchmal noch kurz mit Pedro getroffen, aber ich glaube, nie bin ich so zufrieden gewesen. Nicht einmal jetzt, da ich nicht mehr in aller Frühe aufstehen muss, den Tag mit euch in der Bürgerinitiative verbringe und sehe, dass immer mehr Frauen helfen. Damals hatte ich zum ersten Mal im Leben das Gefühl, dass mir jemand zuhört und respektiert, was ich sage. Nicht, weil er mit mir ins Bett wollte, nicht, weil er abgeschaltet hätte und meine Stimme nur ein fernes, unverständliches Rauschen für ihn gewesen wäre, sondern weil mich jemand verstanden hat und einverstanden war und dachte, dass es sich lohnt, mir zuzuhören, weil ich eben sage, was ich sage. Doch der Moment kam, in dem all das, die Gedanken, sie aussprechen und tun, wovon ich sprach, die Bürgerinitiative, viel wichtiger für mich war als alles, was Pedro mit mir vorhatte. Er wollte, dass wir zusammenzogen, und mir wurde klar, dass das nichts mit Liebe zu tun hatte. Ich war nicht María, eine Person, sondern etwas, ein Ding, als dessen Eigentümer er sich fühlen konnte: seine Wohnung, sein Wagen, seine Frau. Diese Narbe – sie deutet auf ihr Kinn, eine glänzende Schramme auf der weißen Haut – kommt daher, dass ich einmal überstürzt aus dem Bus gestiegen, gestolpert und hingefallen bin, und ihn hat es nicht mal gejuckt. Danach haben wir es gerade noch ein Jahr zusammen ausgehalten. Also nein: Nie habe ich damals Frauen wie uns getroffen, das wollte ich sagen. Was meinst du, María? Arme Frauen. Selbst fürs Protestieren braucht man Geld.

# DAS HAUS
Córdoba, 1969

Das Baby riecht nach Zigarette. Als María Carmen auf den Arm nimmt, fällt ihr als Erstes auf, dass sie ganz anders riecht als andere Babys. Bei Onkel und Tante riecht die Tochter der Nachbarin manchmal nach Zwiebel, sosehr ihre Mutter es mit Kölnisch Wasser zu überdecken versucht; der kleine Junge zu Hause – in dem Haus, in dem sie arbeitet, verbessert sich María; es ist nicht ihr Zuhause, sie hat keins – ist ein paar Monate vor ihrer Tochter zur Welt gekommen und hat einen süßen Geruch. María kann es schwer erklären – was ist ein »süßer Geruch«? –, denn sie hat noch nie etwas Ähnliches gerochen, doch sie erkennt den Geruch in Läden wieder, in Cafés. Die Nachbarstochter spielt nachmittags mit den Töpfen, und der kleine Junge lebt zwischen Bettchen und Tragetasche im Wohnzimmer. Carmen kommt auf ihre Weise in der Wohnung herum, ist im Schlafzimmer oder auf dem Arm der Großmutter am Esstisch. María denkt, dass der Zigarettengeruch mit ihrer Familie zu tun hat. In der Küche raucht ihre Mutter, ihr Vater raucht auf

Schritt und Tritt, und vermutlich raucht inzwischen auch ihr Bruder Chico im Schlafzimmer und glaubt, dass es niemand merkt. Carmen riecht nach Zigarette; vielleicht denkt María, dass ihre Tochter nach einer Zweizimmerwohnung riecht, oder vielleicht denkt sie nur, wie seltsam es ist, dort zu schlafen, mit ihr.

Vor ein paar Wochen ist Carmen ein Jahr alt geworden, und María kehrt zum ersten Mal seit ihrem Fortgang nach Hause zurück. Sie hat im Bus die Worte geprobt, mit denen sie Madrids breite Straßen beschreiben will, und was sie besser auslässt, damit sie keine Gegenden erwähnt, die ihr Onkel und Tante streng verboten haben. Sie versuchte, mit der Frau auf dem Nebensitz ins Gespräch zu kommen, redete über das Wetter und die Unterschiede zwischen den beiden Städten – die breiten Straßen, die Gegenden, die man besser meidet –, aber als Antwort erhielt María nur einsilbiges Gestammel und Gemeinplätze. Sie hatte Angst vor dieser untätigen Zeit, musste sie irgendwie füllen. Mal nickte sie ein, mal sah sie zu, wie sich die Farbe der Landschaft veränderte: Das spröde Gelb der Erde wurde greller, je mehr sie nach Süden kamen. Während ihre Tochter Mittagsschlaf hält, wollte María ausruhen, doch nun liegt sie mit offenen Augen neben ihr, den Blick starr auf ihre Atmung gerichtet. Sie sucht Ähnlichkeiten zwischen sich und Carmen. Die zarten Hände hatte sie noch in Erinnerung, aber nicht Marías plumpes Kinn, das ihr Komplexe bereitet. Carmens Haar – dunkel, wie das ihres Vaters – ist kaum gewachsen, und die wenigen Strähnen sind so fein, dass María ihr lieber nicht den Kopf streichelt, damit sie nicht brechen. Sie ist kleiner, als María erwartet hatte – viel kleiner als der Junge zu Hause –, und ihr Bauch ist immer noch geschwollen. Die blendend weiße Haut kommt wohl aus der Familie ihrer Mutter, María kann sie sich mühelos vorstellen, etwas jünger als sie jetzt, mit durchscheinenden Adern an Armen und Brust. Carmen wünscht sie mehr Glück.

In der Erinnerung passt Carmen noch bequem in ihre Arme, heute stützt sie ihre Tochter auf die Hüfte, die bloßen Arme reichen nicht mehr. Wie komisch, wird María viele Jahre später denken, dass sich das Gedächtnis seine eigene Fiktion schafft: Was sich uns nicht eingeprägt hat, weil wir es für bedeutungslos hielten oder etwas anderes erwartet hatten, wird durch das ersetzt, von dem wir uns gewünscht hätten, dass es geschieht. Tagsüber kocht, putzt, bügelt und gehorcht sie, doch abends widmet sie sich dem Erinnern. Vor dem Einschlafen skizziert sie im Kopf ihr Elternhaus: Beim Eintreten eine kleine Diele, wo die Mäntel hängen, links das Schlafzimmer ihrer Eltern – das Kopfteil des Betts aus Holz, die Jalousien fast immer heruntergelassen –, rechts das Zimmer, das sie mit ihren Geschwistern Soledad und Chico geteilt hat – früher auch mit den älteren –, hinten die Küche mit dem großen Tisch, anschließend Hof und Toilette: anfangs ein Loch im Boden, der schwere Eimer in der Ecke, randvoll mit Wasser, denk dran, leere ihn vollständig und fülle ihn für den Nächsten. Ihr früheres Bett hat man auseinandergenommen, an seiner Stelle steht jetzt das Bettchen der Kleinen: früher das ihrer Neffen, fast schon Halbwüchsige, das ihres kleinen Bruders. Die Augen bereits geschlossen, erlaubt sie sich, einiges rückgängig zu machen: Nimm nicht diesen Bus, erwidere nicht den Gruß dieses Mannes, geh nicht in dieses Haus.

María vermisst auch einige Fotos, die sie nicht mit nach Madrid genommen hat. So hätte sie vielleicht die Gesichter, die ihr entgleiten, festhalten können. In den Koffer hatte sie nur ein altes Foto von sich gesteckt, mit ihrer Schwester und ihrem Vater im Hof des Hauses, und manchmal versucht sie, die Spuren zu identifizieren, die sich auf dem Schwarz-Weiß der Mauer abzeichnen. Ein paar Monate nach ihrer Ankunft in Madrid hatte ihre Mutter ihr einen Brief geschickt, den sie Chico diktiert hatte. Sie musste lächeln über die Schönschrift der ersten Zeilen, die im zweiten Absatz nachlässiger wurde, ungelenk im Briefschluss. Ihre Mutter hatte ein Foto beigelegt. Darauf posierte einer der Neffen vor einer Geburtstagstorte, Chico hatte Carmen auf dem Schoß, stützte zärtlich ihren Kopf und schmierte ihr Baisercreme auf die Nase. María stellte es auf den Nachttisch. Dafür hatte man es vermutlich geschickt. Doch sie wollte damit die Tante warnen: Sie sollte sich nicht von der Folgsamkeit täuschen lassen, mit der sie in aller Frühe aufstand und später, wenn sie von der Arbeit kam, das Abendessen zubereitete und das Bad putzte. Dieses Foto erzählte die Wahrheit.

Als die Kleine aufwacht, sieht sich María Carmens Augen an: zwei schwarze Stecknadelköpfe. Das Baby streckt sich, und María reagiert darauf: Sie setzt sich auf den Bettrand, reckt den Hals, blickt ins Bettchen. Sie hat sich an die Spielchen mit dem kleinen Jungen zu Hause gewöhnt, an die Späßchen, die sie mit der Nachbarstochter macht, doch Carmen, ihr Kind, kommt ihr fremd vor. Carmen bewegt sich, als wollte sie sich aufrichten. Sie strampelt, zuerst ganz leicht, dann entschieden, weil nichts geschieht; sie bewegt die Arme, sucht Marías Blick. Die steht schließlich auf, tritt zum Bett, nimmt ihre Tochter auf den Arm – der Geruch nach Zigarette – und drückt sie an sich. Das Mädchen reagiert nicht auf die Liebkosung. Zwar strampelt es nicht mehr, doch das rechte Ärmchen streckt sich. María denkt, dass Carmen vielleicht auf einen ramponierten Teddy in der Zimmerecke zeigt. Wie stolz ist María in dem Moment. Es bewegt sie, dass Carmen schon so verständig ist, auf ihre Erinnerungen zurückgreifen kann und María darin findet, dass sie schon so weit ist, ihr ihre Spielsachen zu zeigen. Ist das so? Ist das so, oder sind das Marías eigene Vorstellungen? Mit Carmen auf dem Arm holt María den Teddy und gibt ihn ihr, aber das Mädchen stößt ihn mit einer Handbewegung weg: keine Tränen, kein Schreien, obwohl die Gebärden des Babys immer deutlicher werden. María nimmt das linke Händchen und legt es an ihre Brust; sie nennt sich »Mama«, wiederholt »Mama«, obwohl sie weiß, dass Carmen sie nicht von einer Fremden unterscheidet. Carmen streckt immer noch den rechten Arm, deutet auf etwas, das María nicht errät:

»Was willst du, Carmen?«

Carmen versteht Marías Worte so wenig wie María Carmens Gebärden, das liegt auf der Hand. Soll sie jemanden holen, um Hilfe bitten? Chico kommt erst abends von der Arbeit. María vermutet, dass ihr Vater im Bett liegt, ihre Mutter in der Küche sitzt, Soledad ihr gegenüber am Tisch näht. Was braucht ihre Tochter? Das Baby streckt den Arm aus, deutet hinunter auf eine breite Schublade. Man hat ihr erklärt, dass die unterste Schublade Carmen gehört, die beiden folgenden Chico, die anderen beiden Soledad; in der obersten sind noch Sachen von María. Damals hatte sie darin etwas Wäsche aufbewahrt, ein Heft, ein breites Plastikarmband, das sie auf der Straße gefunden und ab und an getragen hatte; das Armband hatte sie weggeworfen, den Rest in den Koffer gepackt. Doch das Baby, das Baby jetzt: Es deutet auf die Schublade, auf der ihre Mutter – Marías Mutter, Carmens Großmutter – ihr am Morgen die Windeln gewechselt hat.

María erkennt ihren Irrtum: Carmen verlangt weder Zärtlichkeit noch Beachtung, sondern Routine. Carmen verlangt, dass sie jemand nach dem Mittagsschlaf auf den Arm nimmt, aus dem Bettchen holt und auf die improvisierte Wickelunterlage legt. Wer, ist ihr egal: die Mutter ihrer

Mutter, der Bruder ihrer Mutter, die Schwester ihrer Mutter, die eigene Mutter. Heute übernimmt das María, aber wenn sie wieder in Madrid ist, wird sich jemand anderes darum kümmern, und Carmen wird es ebenso stumm mit sich geschehen lassen. Carmen hat keine Angst vor Fremden. Sie ist es gewohnt, abends im Arm einer der Nachbarinnen zu liegen, die sich vor dem Haus versammeln; sie hat auch keine Anst vor der unbekannten Frau, die ständig »Mama« wiederholt, sie an sich drückt und ihr ein Stofftier hinhält. Auf dem Handtuch hört Carmen zu strampeln auf, sie hebt die Beine ein wenig – wie jeden Tag, jedes Mal –, murrt, weil María einen Schritt ausgelassen hat. Als María das Mädchen für sauber hält und es geschafft hat, sie zu wickeln, legt sie Carmen wieder ins Bettchen und streckt sich auf dem Bett des Bruders aus. Bevor sie die Augen schließt, hat sie das Gefühl, dass Carmen – der Babykörper längs zu ihrem Erwachsenenkörper, beide im Begriff, den Schlaf zu suchen – sie beobachtet.

Vor dem Haus erst drei, vier Frauen, dann mehr, acht oder neun. Ihre Stimmen vermischen sich, die Tonlagen sind nicht zu unterscheiden, dieselben Wörter aus unterschiedlichen Mündern. Die Nachbarinnen versammeln sich jeden Abend auf dem Gehweg; mit Stühlen, die jede von zu Hause mitbringt, pilgern sie hierher, essen manchmal ein paar Happen zu Abend, falls der Ehemann spät nach Hause kommt. Der Brauch war in den Anfangsjahren des Viertels entstanden, als María ein kleines Mädchen gewesen war, die großen Brüder noch im Haus und die kleinen Geschwister gerade erst auf der Welt. Damals begegneten sie der Nacht mit Kerzen, denn es gab noch keine Straßenbeleuchtung, und die Stühle standen auf der bloßen Erde. Chico erinnert sich nur, dass er mit der Mutter immer zum

Brunnen gegangen ist. Jetzt sieht es im Viertel anders aus, obwohl aus den Straßen bei Regen weiterhin Morast wird. Man hat versprochen, das in Ordnung zu bringen, verrät ihr Chico, das habe er vor ein paar Wochen in der Bar gehört. María hat nicht das Gefühl, dass sich im letzten Jahr viel verändert hätte, sosehr Chico auch behauptet, sie werde vieles nicht wiedererkennen, wenn sie einen kleinen Rundgang mit ihm machte.

»Ich reiche nicht über die Theke.«

»Das glaube ich nicht.«

María entschlüpft ein Lachen, als Chico das sagt. Da er so klein sei, hätten ihn die Kunden an den ersten Tagen gar nicht bemerkt. Ihr Bruder übertreibt. In Chicos Worten klingt die Wirklichkeit immer ernster oder glücklicher, je nachdem, und María amüsiert es, wie er von Soledads Schweigen erzählt, von Carmen oder dem Klatsch der Nachbarinnen.

»An den ersten Tagen hat nur mein Kopf hervorgesehen. Ein Kinderkopf, der eine Flasche auf die Theke stellt. Dann habe ich mir einen Steg aus Limonadenkisten gebastelt, und jetzt sieht man den ganzen Oberkörper.«

Chico hat seinen Vornamen an den Spitznamen verloren. Er selbst stellt sich als Chico vor, so hatte sein Vater ihn von Geburt an genannt: das kleinste Kind, ein blondes Baby, mehr Knochen als Fleisch, mit großen, hellen Augen – wie die von María –, das einfach nicht wachsen will. Mit sechs schätzte man ihn auf gerade mal vier; jetzt, mit dreizehn, auf gerade mal elf. María hatte immer gedacht, dass Chico als Einziger von ihnen dem Viertel entkommen würde. Er ging gern zur Schule, hatte Freude an den Zahlen. Sie war enttäuscht, als sie erfuhr, dass er die Schule aufgab, um in der Bar des älteren Bruders zu helfen. Das denkt sie, während sie versucht, die Worte ihres Bruders vom Stimmengewirr der Frauen zu unterscheiden, fünf, sechs, sieben, ihr Schwatzen dringt durchs Fenster. Ist sie hier? Sie ist hier. Im Schlafzimmer, mit der Kleinen und dem Bruder. Sie ist gekommen? Also ich könnte das nicht. Ich hätte nicht gehen und sie hierlassen können, wie ein Stück Plunder, das man vergisst. Ich hätte das gar nicht erst tun können. Was tun? Sprich leiser, die Mutter hört dich. Und die da hört dich auch. Was? Sie ist gekommen? Da lob ich mir Soledad, immer schön still und brav. Und den Kleinen. Ich hab's der Mutter gesagt, die wollte nicht auf mich hören. Seid still, der Kleine, der ist noch ein Kind.

»Hör nicht auf sie«, tröstet sie Chico und bestätigt Marías Verdacht: ein rascher Zug an der Zigarette, noch einer und noch einer, vor Carmens Bettchen, die jetzt im Arm ihrer Mutter liegt.

»Seit wann rauchst du?«

»Seit ich in der Bar bin. Sie haben mich ständig ausgelacht. Für manche war ich ein Mädchen, sie haben mich ›Chica‹ genannt. Ich mag keine Zigaretten, aber so wirke ich älter. Findest du nicht auch?«

»Ist die Kleine sehr anstrengend?«

»Ich bin den ganzen Tag nicht da. Ich liefere Soledads fertige Arbeit ab, zur gleichen Zeit wie immer, und wenn ich aus dem Zentrum zurückkomme, bringe ich ihr die neue mit und gehe weiter zur Bar. Toñi und ich sind zwar allein, aber besser so. Nach dem Mittagessen haben wir unsere Ruhe, höchstens trinkt mal einer einen Kaffee, dann kommen die Männer mit Karten und Domino, ein paar Abendessen und nach Hause. Da schläft die Kleine fast immer. Süß ist sie nicht gerade, aber ganz schön schlau. Manchmal spreche ich mit ihr, und sie hört zu, als würde sie mich verstehen. Jedenfalls ist sie lieber bei mir als bei Soledad.«

Beide schweigen, falls die Schwester sie hören kann.

Soledad ist weniger eine Brücke als eine Lücke zwischen ihnen. Sie wurde nach María und vor Chico geboren, und für beide kommt sie wie aus einer anderen Welt, hat nichts mit ihnen gemein. Sie sitzt in der Küche, näht, hört die ganze Zeit Radio, hält kaum zum Mittagessen inne, ruht nur kurz aus. Manchmal unterbricht sie ihre Arbeit vorzeitig, macht ein paar Klatschspiele mit Carmen, will sich liebevoll geben, aber schnell wird es ihr langweilig. Chico drückt die Zigarette aus und hält María die Arme entgegen, damit sie ihm Carmen reicht.

»Sie sind weggezogen, María.«

»Davon will ich nichts wissen.«

»Gut. Jedenfalls sind sie weg. Du könntest jetzt wiederkommen.« Chico verstummt, falls María etwas erwidern will, aber seine Schwester schweigt. »Wie ist Madrid? Ich würde gern mal hin. Vielleicht im Urlaub.«

»Bei Onkel und Tante ist nicht viel Platz. Anfangs fand ich alles sehr seltsam, weil ich sie kaum gekannt habe … Die ersten Monate habe ich mit der Tochter in einem Bett geschlafen, aber seit ihrer Hochzeit habe ich das Zimmer für mich. Mir geht es wie dir, ich wache auf, dann zum Bus, weil die Familie weit weg wohnt. Sie ist sympathisch und zahlt pünktlich. Sie sind immer zufrieden mit dem Essen, und sonntags habe ich frei, da sind sie nicht in der Stadt. Ich habe Glück, bei fast allen Dienstmädchen im Haus ist es anders. Viele schlafen bei den Familien oder arbeiten jeden Tag. Meine Familie hat einen kleinen Jungen, kaum älter als Carmen, er ist eigensinnig, aber die Mutter kümmert sich um ihn. Ich habe Angst, dass sie mich nach ein paar Jahren, wenn er größer ist, nicht mehr brauchen.«

»Dann kannst du ja zurückkommen, nicht wahr?«

»Oder ich hole Carmen zu mir.«

Sie sieht Missfallen in Chicos Gesicht, als durchkreuzte

ihre Absicht das geordnete Leben ihres Bruders. Es ist spät, Carmen müsste längst schlafen, doch María lässt es durchgehen, denn Chicos Späße haben der Kleinen das erste Lachen des Tages entlockt. Die Stimmen draußen reden weiter, und María hört, dass einige der Nachbarinnen immer noch über sie reden, über das Leben, das sie wohl in der Ferne führt, wird schon seinen Grund gehabt haben, dass man sie so schnell wie möglich weggeschickt hat, wenigstens ist die Kleine hiergeblieben.

»Fehlt dir die Schule, Chico?«

»Jetzt nicht mehr, anfangs schon. Ich mochte die Bar nicht. Stell dir vor, ich wäre Lehrer geworden. Wenn ich größer bin, mache ich vielleicht weiter, wenn ich hier rauskomme und Zeit habe. Ja, mir fehlen die Bücher, die ich ausleihen durfte, manchmal langweile ich mich abends. Werd mir wohl was ausdenken müssen.«

Chicos Stimme ist mit einem Mal erwachsen geworden. María stellt sich vor, wie er, gerade mal dreizehn, aufpasst, dass der Stammgast drüben nicht abzieht, ohne bezahlt zu haben, wie er seiner Schwägerin Bestellungen meldet, im Stehen die Reste vom Tagesmenü verschlingt oder eine Zigarette im Mund hat. Sie stellt sich vor, dass Chico den anderen gegenüber sein Lächeln behält, aber auch, was Chico Nacht für Nacht denkt in seinem schmalen Bett, während das Baby schläft und Soledad näht und schweigt.

»Nachts schreit sie, das ist der reine Wahnsinn. Erinnerst du dich an die ersten Monate? Völlig anders. Du liegst im tiefsten Schlaf, und ihr Schrei reißt dich heraus. Sole schiebt den Kopf unter das Kissen, also bin immer ich dran. Ob Babys Albträume haben?«

Seit der Geburt hat sie kaum etwas von Carmen gehabt; was sie weiß, erzählt man ihr am Telefon, hin und wieder in einem Brief. Da sind die Augenblicke, wenn ihre Arbeitgeberin ohne den Kleinen ausgeht: Daher kennt María den süßen Geruch, ganz anders als der ihrer Tochter. Das Baby riecht nach Zigarette, so wie Chico, seine Fingernägel werden gelb vom Nikotin. Das Stimmengewirr draußen hält an, noch beim Einschlafen – alles so wie kurz nach der Entbindung: Carmen im Bettchen, sie und ihr Bruder im Einzelbett daneben, im anderen Bett Soledad, meist im Tiefschlaf – hört sie die Nachbarinnen über sie reden. Manchmal erkennt sie die Stimme ihrer Mutter, die dem Gespräch ausweicht oder es in eine andere Richtung lenken will. Sie sind weggezogen, hört María heraus. Die Frau ist dahintergekommen. Wie kannst du nur hierbleiben, wo du ihr Tag für Tag über den Weg läufst, auf der Straße, mit den gleichen Augen. Das war das Mindeste. María spürt, wie sich Chicos dünner Körper von ihrem löst, ihr Bruder steht auf und schließt das Fenster.

»Es ist frisch«, rechtfertigt er sich. »Nicht dass die Kleine sich erkältet.«

Sie hört, wie Chico in seiner Schublade kramt und das Schlafzimmer verlässt. Soledad öffnet vorsichtig die Tür, zieht sich im Dunkeln um, wünscht eine gute Nacht, der Lattenrost ächzt unter dem Gewicht ihres Körpers. Stille: Die Nachbarinnen gehen nach Hause, Stühle entfernen sich schurrend auf dem Gehweg. Chico schlüpft ins Bett, sein Rücken an ihrem, das Gesicht zur Wand. Ihr Bruder riecht nach Zigarette, denkt María, bevor Carmen weinend aufwacht.

María redet nun zu sich selbst, die Lippen stumm, während im Zimmer ihre Tochter und ihre Geschwister schlafen. Sie spürt die Wärme von Chicos Rücken, hört den Motor in der Brust ihrer Tochter, Soledads schweren Atem. Ich will so vieles sagen, kann es aber nicht ordnen. Sie tut, was sie in anderen Nächten tut. Heute probt sie die Worte, die sie zu ihrer Mutter sagen möchte, zu Carmen, sobald sie versteht. Alles, was sie erlebt hat, selbst das vermeintlich Belanglose, geht sie von vorn bis hinten durch, ändert manchmal Verhaltensweisen und fast alle Entscheidungen, hängt ihnen ein Happy End an, das nicht der Wirklichkeit entspricht. Zum Beispiel Carmen: In den Geschichten, die sich María vor dem Einschlafen ausdenkt, existiert Carmen nicht. Weder hört María darin die Stimme des Vaters, noch kennt sie graue Städte oder wird sie erst Jahre später kennenlernen, zu Besuch. Doch Carmen existiert sehr wohl, sie zerreißt die Nacht mit ihrem Weinen, weckt sie und Chico, und Soledad schiebt – wie vorhergesagt – den Kopf unter das Kissen und tut so, als schliefe sie. Carmen existiert, ihre Augen mal wie Ungeziefer unter ihrem Schuh, mal wie Punkte auf einem Zahlenbild, die sie verbinden würde, und María überlegt, ob sie mit ihr in die Stadt zurückkehren und die Tante bitten könnte, ein Auge auf sie zu haben, während sie arbeitet. María sagt sich: Ich will so vieles sagen, kann es aber nicht ordnen. Es ist in meinem Kopf, ich denke es ständig, aber sobald es den Mund erreicht, verfliegt es. Ich verstehe, dass ich einen Fehler begangen habe und dass mein wirrer Kopf zuerst mir Schande gemacht hat, dann euch. Wenn ich das Geld nicht herschicken, sondern alles behalten würde, könnte ich Onkel und Tante etwas mehr geben, den Rest sparen und irgendwann Carmen zu mir nehmen. Fragt ruhig Onkel und Tante: Ich gehe höchstens sonntags mit der Cousine und ihrem Mann aus und von der Arbeit immer gleich nach Hause. Carmen weiß nicht, wer ich bin, und ich könnte sie nicht beschreiben. Wenn mich jemand nach ihrem Gesicht fragt, nach ihrem Verhalten, dann erzähle ich, was das Bild auf meinem Nachttisch zeigt. Meine Tochter bewegt sich nicht, sagt nichts zu mir, weiß nicht, wer ich bin. Sie ist gefangen in einem Foto.

Mit ihrer Mutter spricht sie nicht. Eigentlich spricht niemand mit seiner Mutter, auch nicht mit seinem Vater: Jeder spielt seine Rolle, ohne von dem abzuweichen, was die anderen erwarten. Die Eltern treten als Eltern auf, verfügen und befehlen, und die Kinder treten als Kinder auf, sie gehorchen. Selbst schuld, dass María diese Logik missachtet hat. Seit ihrer Rückkehr hat ihre Mutter nur ein paar Einzelheiten von Carmen erzählt – mach dir keine Gedanken über dieses Geräusch, wir haben herausgefunden, dass es weder Müdigkeit noch Hunger oder Schmerz ist, sie hört sich nur gern selbst, nichts weiter – und sich beklagt, dass Chico so viel Zeit in der Bar verbringt und vergisst, neues Eis für den Eisschrank mitzubringen; dem Vater wirft sie all die Stunden vor, die er schläft. Auch mit ihm spricht María nicht. Kaum war sie ins Haus getreten, war sie ins Schlafzimmer gegangen, um ihn zu begrüßen, hatte ihn auf die Stirn geküsst. Sie wollte ihn etwas fragen, wie es ihm gehe, ihm von seinem Bruder erzählen – in Madrid wohne sie bei ihm, er sende Grüße –, doch Soledad rief aus der Küche, und beim Hinausgehen sagte ihr Vater, sie solle die Tür schließen.

In manchen Blumentöpfen im Hof sind welke Blätter zu sehen. María vermutet, dass ihre Mutter es nicht schafft, sie alle zu gießen, und sie stehen in der prallen Sonne. Früher haben Soledad und sie bei gutem Wetter Stühle hinausgestellt und genäht, die Wäsche auf dem Schoß, damit sie nicht schmutzig wurde, und aufgepasst, dass weder Nadeln noch Garn auf den Boden fielen. In der Schneiderwerkstatt waren ihr einmal die Nähmaschinen aufgefallen – und die Frauen, die an ihnen arbeiteten, schnell, sehr schnell –, ein wahrer Schlachtenlärm, doch bei ihrer Schwester und ihr hatte man beim Arbeiten nichts gehört, nur einen Aufschrei, wenn Soledad sich gestochen hatte, oder einen Streit vom Nachbarhof. Wenn ihnen etwas entglitt – ein Kleid, das auf die feinen Kiesel rutschte und sich nicht aufhalten ließ oder schlimmer noch: die Nadel ging darin verloren –, sprangen beide auf, als hätten Stoff, Kupfer oder Metall ihnen beim Fallen einen Schlag versetzt. María machte sich Vorwürfe, Soledad ihr ebenfalls, und Soledad machte sich Vorwürfe, doch María blieb stumm. Wie viele schwarze und weiße, grüne oder blaue Fäden hatten sich schon im Kies verflüchtigt? Und Nadeln? Carmen würde später im Hof spielen, und María stellte sich die schreiende Tochter vor, nachdem sie eine davon in den Po oder die Hand gestochen hatte. Kurz nach dem Einzug hatte Marías Vater mit großen weißen Steinen einen Weg zur Toilette gelegt – er verlief quer über den Hof, damit man nicht auf der blanken Erde ging oder bei Regen durch den Schlamm, doch es blieb bei einer Andeutung –, und als ihre älteren Brüder auszogen, pflasterten sie den Hof. Andere betonieren ihn, erzählten sie, und die gegenüber haben ein Fliesenmuster. Die Brüder arbeiteten als Maurer und ließen mal hier eine Fliese mitgehen, mal da eine, auf ihrer Baustelle oder nebenan, alle unterschiedlich, ein plumpes Puzzle. Diese Lösung bei ihren Eltern sprach weniger für ihre Armut als für ihre Gleichgültigkeit. Die Nachbarinnen hatten ihre Mutter gefragt, warum sie nicht Obstbäume pflanze wie sie, anstatt längs der schmutzig weißen Mauer Blumentöpfe aufzustellen, manche Pflanzen so groß wie die Söhne, die nicht mehr dort lebten. María hörte von ihrer Mutter niemals eine Antwort darauf – mal Schweigen, mal Ausflüchte, besser das als gar nichts –, dafür jedoch ihre Bemerkungen hinter verschlossenen Türen, ihre Befriedigung, wenn bei den ehrgeizigsten Nachbarinnen Wurzeln den Beton aufbrachen und sie die Bäume herausreißen und die Schäden reparieren mussten; die heimliche Freude ihrer Mutter, wenn in anderen Höfen die Wespen um Reben schwirrten und die Trauben verdarben und man bis zu ihnen die Knoblauchumschläge gegen die Stiche riechen konnte. Nicht mal ruhig schlafen, murmelte sie, nicht mal ruhig schlafen sollen sie. Aber nachts sehen Wespen nichts, erklärte Chico, einerlei, was die Frauen da in ihre Höfe pflanzen, das Problem haben sie tagsüber. María sah ihre Mutter an, wie ihr Lachen abschwoll.

Chico sagt immer wieder, dass sich im Viertel alles verändert hat, und auf dem Weg vom Busbahnhof – niemand hatte sie abgeholt, um ihr mit dem Koffer zu helfen – dachte María, dass ihr Bruder übertrieb. Doch als sie mit Carmen zum Platz geht, gibt sie zu, dass er recht hat, wenn auch aus anderen Gründen. Als sie wieder diese Straßen vor sich sieht, stellt sie ihnen die gegenüber, in denen sie jetzt lebt. Sie ersetzt den Kästchenplan – exakte Parallel-, exakte Querstraßen – durch einen anderen: ob aus Steinen, ob aus Erde, alle streben einem Zentrum zu, diagonal. Das fällt María auf, als sie den Weg einschlägt, den sie an Samstagvormittagen, an Sonntagen so gern gegangen sind, Soledad, Chico und sie. Er ein paar Schritte voraus, sie beide Arm in Arm. Jetzt trägt sie Carmen vor der Brust, hält die Kleine im Arm, mit dem Gesicht zu ihr, wenn sie ihr zu schwer wird, stützt sie sie an der Hüfte ab; vor einer Haustür spielt ein Mädchen in ihrem Alter mit zwei Jungen, der eine etwas älter als Carmen, der andere etwas jünger. Auf dem Kirchplatz, der Sitz der Bürgervereinigung; dort macht die Tochter ihrer Nachbarin einen Schreibmaschinenkurs, sie waren sich gleich vor der Haustür begegnet, sie hatte gerufen: Madrilenin. Madrilenin! Kaum älter als Chico, und sie hatte gefragt, ob sie einem berühmten Künstler begegnet sei. María verneinte, sie arbeite dort bloß, und die Nachbarin war enttäuscht, dass sie deswegen die Stadt gewechselt hatte. Während sie sich entfernten, sah Carmen ihr nach und klopfte gegen Marías Kinn, vielleicht gab sie ihr recht.

Im Viertel von Onkel und Tante in Madrid bleiben die Autos – sofern man eins hat – nicht im Morast stecken, sondern sie fahren, kollidieren, beschleunigen auf dem Pflaster. Die Mädchen ihres Alters gleichen Soledad und ihr, die Eltern ihren Eltern; sie hört Dialekte, die dem ihren ähneln. Und obwohl sie wie das Mädchen mit dem Schreibmaschinenkurs ist, wie das Mädchen, das ihre Kinder vor dem Haus beschäftigt, hat sie das Gefühl, sie ist anders, hat mehr Glück als Chico, sogar als Carmen. Sie denkt an Soledad. Wie lange wird sie in der Küche nähen müssen und am Wochenende allein zum Platz gehen, um an die frische Luft zu kommen? Die Schule, die sie und ihre Geschwister besucht haben, ist inzwischen zu klein für den Nachwuchs im Viertel. Wird das Carmen betreffen? Wird Chico ihr abends Lesen und Rechnen beibringen, auf dem Bett sitzend, damit sie nicht die Großeltern wecken? Durch diese Straßen, die sie kaum wiedererkennt, ein Haus, ein Laden, eine Bar, ein Haus und noch ein Haus und noch ein Haus, eins wie das andere, geht María mit Carmen spazieren, genießt dabei jedoch nicht das friedliche Zusammensein, bevor sie wieder nach Hause zurückkehrt, sondern sie will jemandem begegnen, der sie kennt, sie bei ihrem Namen ruft, sie fragt, wie es ihr geht. Sie kennt niemanden mehr. Sie hat die Gesichter vergessen, die Namen. Die Häuser weichen, und nun liegt vor ihr nur das Land und noch mehr Erde und was sonst? Sie fragt eine Frau, wie sie nach Hause kommt. Nach Hause? Wo ist dein Zuhause?

María breitet ein Handtuch aus und legt die Kleine auf die Schublade. Sie riecht natürlich nach Kot; und nach dem nassen Stoff zu schließen, hat sie beim Spaziergang auch gepinkelt. Der kleine Junge im Haus, in dem sie arbeitet, beschwert sich dann, er mag nicht feucht sein, aber Carmen nimmt es hin und wartet, bis sich jemand an sie erinnert, an die verstrichene Zeit. Beine hoch: Das befiehlt María, schiebt das Kleidchen hinauf, nimmt die Windel ab, sie hat etwas Durchfall. María wird ihre Mutter fragen, ob das oft vorkommt, falls nicht, wird sie nachdenken, was Carmen gegessen hat. Sie taucht die Hand in warmes Wasser, fährt über die Seife und wäscht den schmutzigen Po. Sie tupft ihn leicht mit dem Handtuch trocken, zieht den Waschhandschuh aus, dann eine dünne Schicht Puder auf die Haut. Die Beinchen hoch, und sie nennt sie beim Namen: die Beinchen hoch, Carmen. Bitte, mach es mir etwas leichter. Fein. Das Mädchen hebt die Beine, und María nimmt sie bei den Knöcheln; sie unterschätzt die eigene Kraft, als sie versucht, den Babykörper gerade so hoch zu heben, dass sie den Stoff zwischen Schublade und Körper schieben kann, und die Kleine beschwert sich. Zum ersten Mal reagiert sie mit einer schwachen Klage, dann mit Weinen, mit Plärren. Soledad kommt und fragt, der Vater will wissen, was los ist, die Mutter vor wer weiß welchem Haus hört nichts. Soledad geht wieder, ohne eine Antwort von María zu bekommen; sie wirft María vor, dass sie nicht mit anpackt, während sie näht, da mag sie noch so sehr zu Besuch sein. Los ist, dass die Kleine ein kleines Mädchen ist und weint. María lässt reflexartig Carmens Knöchel los und achtet nicht darauf, ob die Beine gegen das Holz prallen; bei all dem Lärm hat sie den dumpfen Schlag der zarten Gliedmaßen nicht gehört. Die Kleine bleibt auf der Schublade liegen und wimmert; vielleicht stört sie das harte Holz, und María nimmt sie hoch und trägt das große Handtuch zu Chicos Bett. Mühsam breitet sie es aus und legt Carmen darauf. Beinchen hoch, Carmen: bitte. Beinchen hoch und nicht wieder runter. Das

Mädchen jammert nicht mehr, doch die Tränen zerfließen mit dem Rotz, und ihre Lippen zittern. Carmen, bitte, mach es mir nicht schwer. Carmen regt sich nicht, also versucht María, den Stoff unter den Körper zu schieben; sie schafft es. Es wird viel zu schnell dunkel – für jeden Handgriff braucht sie Minuten –, sie sieht kaum, wo der eine, wo der andere Knoten hingehört. Eine Hand schiebt die ihre beiseite: Du bist schon hier, so früh, Chico.

»Ja, Toñi hat gesagt, ich soll gehen. Ich hatte ihm erzählt, dass du morgen in aller Frühe fährst.«

María sinkt auf die Matratze, setzt sich auf die Seite des Bettes, die Carmen freilässt. Sie sieht zu, wie ihr Bruder mit dem Baby umgeht, beobachtet, wie sich ihre Handgriffe unterscheiden. Chico behandelt Carmen, als wäre sie ein Spielzeug: Er nimmt sie bei den Handgelenken und patscht ihre Handteller aneinander, versucht, sie mit einem Taschentuch zu schnäuzen, und trällert ihr etwas vor. María macht ihn auf den Unterschied aufmerksam, und Chico erklärt: Du gehst ängstlich mit ihr um, das spürt sie. Carmen zieht den Rotz hoch, breitet die Arme aus und legt sie um Chico. Da ist ein Wort in ihrer Stimme, María hört es. Niemand hat ihr erzählt, dass Carmen spricht. Carmen klammert sich an Chico, und María beugt sich zu ihr, um besser zu hören, was sie sagt. Ein Wort in ihrer Stimme, meint sie María? Carmens Kopf auf Chicos Schulter, Carmen, die zu ihm Mama sagt.

# DAS KÖNIGREICH
Córdoba, 1998

Was war am Tag vor dem Albtraum geschehen, den Alicia seitdem jede Nacht träumt? Sie war aufgewacht, hatte ihre Mutter klagen hören, sich lustlos für die Schule angezogen – Jeans, Sandalen, Markensportshirt –, war nach Hause gekommen. Die Ferien waren nicht mehr fern, der Umzug, der Schulwechsel. In dieser Geschichte tauchen viele Körper auf: ihre winzige Mutter, ihre winzige Schwester, ihr Vater mit dem breiten Rücken, die fast schon Halbwüchsigen, die in der Pause über den Schulhof spazierten. An die Gesichter erinnert sie sich nicht mehr, auch an keine Namen. In dem Albtraum, den Alicia jede Nacht träumt, tauchen ihre Körper nicht auf: dagegen der Körper ihres Vaters. Ist er es, der gegen einen Baum fährt und taumelt, bevor er sich erhängt, oder ist das ein Bild von ihrem Vater, an dem sie sich weidet? Um zu begreifen, was für einen Tag ihr Vater durchlebt hat, bevor er alles entschied – bevor er eine kaum befahrene Landstraße wählte, in einer Kurve beschleunigte, sich verrechnete und am Abhang einer Biegung hängen blieb, aber nicht ins Leere stürzte, taumelte, sich dann erhängte –, geht Alicia oft eine nach der anderen seine Handlungen, seine Worte durch.

Von der Wohnzimmermitte aus konnte sie die Straße überblicken, ohne gesehen zu werden. Es geschah in dieser Wohnung, in diesem riesigen Zimmer: das größte, in dem Alicia je gewesen war. Auf dem Balkon würde man sie natürlich leicht entdecken: der rote Haargummi, der helle Pferdeschwanz zwischen den Blumentöpfen ihrer Mutter. Aber von der Wohnzimmermitte aus konnte sie all die erkennen, die den Platz vor dem Häuserblock überquerten, konnte ihren Schritten voraus sein, ihre Zukunft lesen.

Sie nahm die Stelle unter der Lampe ein, als die Uhr fünf zeigte. Früher sollten sie nicht kommen, hatte sie ihren Klassenkameradinnen gesagt, und sie rechnete mit einer kleinen Verspätung, denn Celia war niemals pünktlich. Sie wohnte weit weg, am Rand des Viertels, bei der Ausfallstraße nach Madrid, und unterschätzte meist die Entfernungen. Als die Uhr fünf zeigte, stand Alicia dennoch gleich vom Sofa auf, schaltete den Fernseher aus und spähte hinaus. Nach zehn Minuten erschien Inma, kurz darauf Celia, im Laufschritt. Sie hielt inne, bevor sie die Straße überquerte, stützte sich an einer Laterne ab, um wieder zu Atem zu kommen. Die beiden tauschten nur zwei, drei Sätze aus und gingen dann hinüber zu Alicias Haus. Kurz darauf klingelte die Sprechanlage.

Warum hatte sich Alicia Inma und Celia für diese Hausaufgabe ausgesucht? Sie hatten zu dritt sein müssen, die beiden waren immer zu zweit, und Alicia hatte sich in keine der anderen Gruppen einfügen können. Sie war auf Celia zugegangen, zwei Bänke weiter, und die hatte den Vorschlag resigniert aufgenommen, vielleicht misstrauisch, Inma dagegen begeistert. Damals – an jenem Tag – hatte sich Alicia keine Gedanken über die Reaktion der beiden gemacht; sie hielt das Problem für gelöst. Doch am nächsten Tag erklärte Celia, bei ihr zu Hause gehe es nicht, da seien zu viele Leute, und Inma, bei ihr auch nicht, ihre Großmutter sei krank und brauche Ruhe. Also gewährte Alicia, die ohnehin nicht allzu sehr auf sie gezählt hatte, diesen belanglosen Mädchen Zutritt zu ihrem riesigen Wohnzimmer.

Eigentlich log Alicia sich etwas vor: Im Grunde wollte sie mehr über Celias Beschützerinstinkt gegenüber Inma herausbekommen. Die naive Inma, Zielscheibe der Scherze, weil sie alles glaubte, die Wangen rot bei der kleinsten Bemerkung; und Celia, bereit, jeden zu prügeln, der sich über ihre Freundin lustig machte, mit dieser Hingabe, die nicht die der Herzensfreundin war, nicht die der älteren Schwester, sondern die, die man von einer Mutter erwartet. Alicia sieht noch heute Celia vor sich, wie sie nach dem Dauerlauf Atem schöpfte, um Pünktlichkeit vorzutäuschen, die breiten Hüften einer frühzeitig Erwachsenen, und sie fragt sich, was aus ihr geworden sein mag. Ob sie noch immer mit Inma befreundet ist, ob sie inzwischen drei, vier Kinder hat, ob ihre Leben einander ähneln. Alicia erinnert sich, dass Celia gern malte, die Ränder der Schulbücher mit zarten Blumen bedeckte, die Buntstifte im Schoß versteckt, und diese Gärten zwischen Grammatik- und Geschichtsstunde vervollständigte. Über Inma hätte sie jedoch höchstens das sagen können: Sie trug einen Zopf, sprach ständig von ihrer Großmutter und ihrem älteren Bruder.

Celia und Inma hatten sich schon öfter die Fensterfront von Alicias Wohnung angesehen. Seit sie im September in die Klasse gekommen war, hatten sich fast alle Mädchencliquen irgendwann zu dem Platz aufgemacht und waren –

Arm in Arm – vor dem Haus stehen geblieben. Schuljahr für Schuljahr dieselben Gesichter, sodass jemand Neues – der durchgefallen oder mit der Familie hergezogen war – eine geheimnisvolle Aura besaß. Hashim dichteten sie eine schwere Kindheit in einem Waisenhaus an, wie im Film; dabei lebte er mit seinen Eltern und Geschwistern in den neuen Wohnblöcken gegenüber vom Einkaufszentrum. Und Yoli war nur deshalb mehrmals durchgefallen, weil ihr Vater mit einer Kollegin durchgebrannt war und sie Mühe hatte, die Hausaufgaben rechtzeitig abzugeben und sich auf die Prüfungen vorzubereiten. Nie erfuhren sie, ob es tatsächlich so gewesen war, denn Yoli, ihre Mutter und zwei kleine Brüder, Zwillinge, rothaarig wie sie, verließen die Stadt nach den Zwischenzeugnissen. In den Filmen im Freilichtkino bauten sich die Kinder ein Baumhaus und kletterten auf Holzstufen hinauf, die sie an den Stamm genagelt hatten, eine Zuflucht, fern von den Erwachsenen. Inma, Celia, Marta, Rosi: ihr Wald, die vier dürren Bäume im Park, die gelbe Erde, die Metallschaukeln, viel zu heiß im Juni. Geschichten über ihre Klassenkameraden zu erfinden, war ihr Baumhaus.

Für Alicia hatten sie sich noch keine Geschichte ausgedacht. Alles an ihr verblüffte. Sie machte keine Rechtschreibfehler, behielt Daten und Namen von historischen Persönlichkeiten, gähnte nicht im Unterricht. Es verblüffte sie, dass sie das Jahr wiederholte, und vor allem verblüffte sie, was sie äußerlich zur Schau stellte: dass sie für jeden Wochentag ein anderes Paar Turnschuhe hatte, dass sie die Marke ihrer Jeans offenbarte. So stachelte Alicia die Neugier an: Beim Hinsetzen schob sie das T-Shirt bis zur Taille hoch, in der Pause klagte sie, dass ihre neuen Nikes am Knöchel scheuerten. Celia dachte an die Kleidung, die ihre Mutter in der Einkaufsstraße in dem Laden mit den Sonderangeboten kaufte, an die Hosen, die denen so vieler Schülerinnen glichen, Marken, die einen einzigen Buchstaben austauschten, damit man sie mit den modischen verwechselte: Zappa, Pila. Inma trug nicht einmal neue Sachen. Sie erbte sie von ihrer Cousine.

Inma und Celia, Celia und Inma, seit dem Kindergarten unzertrennlich, waren nicht zum ersten Mal am Zebrastreifen vor Alicias Haus stehen geblieben und hatten hinübergespäht, wollten hinter der Fensterfront etwas erkennen – die Umrisse der Mutter, die Kuchen auf den Tisch stellte, das Sofa, auf das sich der Vater setzen würde. Nie war es ihnen gelungen. Dann wurden sie es müde, darauf zu warten, dass etwas aufblitzte, die Wirklichkeit oder die Fantasie, und so änderten sie ihre Route. Sie wussten, dass Alicia eine jüngere Schwester hatte, Eva, und dass beide im nächsten Jahr an die Karmelitinnenschule wechseln würden, weil ihre Eltern eine Wohnung in der guten Gegend des Viertels gekauft hatten, wo es Häuser mit Garage und Pool gab. In der Pause sahen sie zu, wie Eva die Tänze ihrer Klassenkameradinnen dirigierte und Schritte für die aktuellen Hits erfand. Alicias Mutter arbeitete nicht oder arbeitete zu Hause, und dennoch kam manchmal eine Frau zum Putzen, hatten sie gehört, denn Alicia erwähnte sie wie nebenbei: Heute Nachmittag kann ich keine Hausaufgaben machen, da kommt das Mädchen, das Mädchen hat mir die Figurensammlung im Regal verrückt, beim Staubwischen.

Ein schrilles Klingeln. In Alicias Erinnerung sind die beiden noch kleiner, Inma ein Porzellanpüppchen fürs Wohnzimmerregal, Celia mit dem Mädchenkörper, der ihrem Alter entsprochen hätte. Ein schrilles Klingeln, aus dem Schlafzimmer die Klagen von Alicias Mutter, die sich nicht aus dem Schlaf reißen lassen will, und die Begeisterung ihrer

Schwester, Besuch zu empfangen. Alicia wartete hinter der Tür, bis sie das Klicken des Fahrstuhls hörte, der den vierten Stock erreichte, und öffnete, bevor Celia auf die Türklingel drücken konnte.

»Meine Mutter hält Mittagsschlaf.«

Alicia fand es lustig – oder findet sie es jetzt lustig, nach all den Jahren, da sie den Verhältnissen der Mädchen inzwischen näher ist als denen der Erwachsenen, die sie eigentlich hätte werden sollen? –, wie sorgfältig sie ihre Kleidung gewählt hatten. Celia hatte noch die Jeans vom Vormittag an, jedoch das T-Shirt mit der Werbung für einen Markisenladen gegen ein ärmelloses weißes getauscht, mit Spitzenrand, vielleicht aus dem Kleiderschrank ihrer Mutter. Inma hatten sie in ein kariertes Trägerkleid gesteckt; oben spannte es, und sie zog ständig daran herum, damit sie sich bewegen konnte. Alicias Schwester musterte sie lächelnd, und Alicia wollte nur, dass sie sich an den großen Tisch setzten und dort ihre Collage klebten.

»Wir zeigen euch die Wohnung«, verkündete die Schwester und griff nach Inmas Hand.

Sie übernahm die Rolle der Gastgeberin und ging auf dem Flur voran. Während Alicia in der Wohnzimmermitte gestanden und versucht hatte, die Besucherinnen zu erspähen, bevor die Sprechanlage klingelte, schien ihre Schwester geplant zu haben, wie sie sich verhalten sollte, wie sie diese Unbekannten am freundlichsten empfing. Ihre Schwester – vier Jahre jünger als Alicia, das Gesicht voller Sommersprossen, einige Zahnlücken von ein paar Kollisionen – öffnete die Toilettentür, zeigte auf die Kloschüssel und die Waschmaschine, die abgewetzten Frotteehandtücher. Sie führte Celia und Inma, zeigte stolz ihr Zimmer: ein Zimmer für sie allein, in Rosa gestrichen, ihr Name in großen Lettern auf dem Mittelbrett des Regals; die Stofftiere, die Puppen, ein paar Kinderbücher, ein kleiner Fernseher, falls sie am Wochenende früh aufwachte und sich beschäftigen wollte, ohne jemanden zu stören. Sie verließ ihr Zimmer und öffnete die Tür von Alicias, zeigte wieder auf den Fernseher – etwas größer als ihrer: die Eltern hatten gewisse Hierarchien beachtet –, auf die Regale mit den Figürchen, die sie sammelte, auf ein paar staubbedeckte Puppen; sie hielt sich zurück und zeigte nicht den Kleiderschrank, aber Alicia war aufgefallen, dass Celia die Turnschuhparade bewunderte. Das Mädchen ließ Inmas Hand los und zog nun an Celias. Sie gingen am Elternschlafzimmer vorbei – dort hätten sie Alicias Mutter vorgefunden, die Augen geschlossen, im Ohr den Trubel auf dem Gang, und noch einen Fernseher und einen Schrank, der die ganze Wand einnahm, Pumps über den Boden verstreut wie Brotkrumen, damit man den Rückweg fand –, und sie traten ins Arbeitszimmer des Vaters, mit PC und Modem. Inma fragte, ob sie Internet hätten, und Alicias Schwester bejahte, konnte sich aber nicht vorstellen, dass ihre Klassenkameradinnen den Stoff für ihre Hausaufgaben nicht bei Terra oder Yahoo suchten.

»Aber wenn jemand anruft, wird die Verbindung unterbrochen«, klagte sie.

Es blieb noch das große Bad, Bidet, Badewanne, riesiger Spiegel, vor dem sich der Vater rasierte, die Mutter schminkte und Alicia und ihre Schwester dazukamen, um das Familienfoto zu vervollständigen. Die Cremes, Parfüms, nicht das Kölnisch Wasser für Babys in der Familienpackung, mit dem Inmas Mutter ihre Tochter jeden Morgen besprengte, sondern zarte Kristallflakons – nur ein paar Tröpfchen hinter das Ohrläppchen, in den Ausschnitt –, die der Vater der Mutter einfach so schenkte. Es blieben noch die Küche, die Mikrowelle, der zweitürige Kühlschrank, die leeren Tüten vom Corte Inglés, achtlos in eine Ecke geworfen. Alicia wusste nicht, von wem sie die feine Nase geerbt hatte, weder von ihrer Mutter noch von ihrem Vater. Jedenfalls roch Celia für sie nach frisch geschälten Kartoffeln, mehr Pflanze als Nahrung.

Alicia, ihre Schwester Eva, Inma und Celia, alle vier gingen ins Wohnzimmer zurück, Alicia direkt zum Tisch, um den Zeichenkarton auszurollen und die Klebestifte zu verteilen, Eva nur in der Absicht, die Terrasse zu zeigen. Ein paar Blumentöpfe, die die Mutter liebevoll goss – Alicia hatte sich die Namen der Pflanzen nicht gemerkt –, zwei Stühle, auf denen man sich im Bikini sonnen konnte. Inma und das Mädchen gingen kurz hinaus, zum Abschluss des Rundgangs, Celia blieb im Wohnzimmer, genau auf der Stelle, die Alicia vorhin eingenommen hatte, unter der Lampe. Celia, so schien es Alicia, interessierte das Draußen nicht, es war ihr einerlei, was dort geschah, die Welt, die sie auswendig kannte. Sie musterte den Fernsehbildschirm, der das halbe Regal einnahm, den Videorecorder, den ihr Vater gerade gekauft hatte, die Musikanlage, die Film- und Plattensammlung, die Fotos der Familienurlaube: in einem Rahmen Alicia, die mit anderen Mädchen im Hotel in Marbella tanzte, Alicia, Eva und ihre Eltern in einem anderen, lächelnd in Disneyland Paris, Eva mit Ohrenmütze, dem Kopf des Vaters entwuchs der Turm des Schneewittchen-Schlosses, Celias Pupillen so geweitet, dass ihre grünen Augen sich schwarz färbten.

Auch Inma und Celia dachten manchmal an diesen Nachmittag bei Alicia zurück. In den folgenden Wochen konnten sie den anderen kaum erklären, was geschehen war. Alle fragten, ob sie in die Wohnung hinaufgegangen seien, ob man sie ihnen gezeigt hätte, ob sie das erste Klingeln des Telefons miterlebt hätten oder den zweiten Anruf. Anfangs antwortete Inma – ja, jedes Zimmer hat einen Fernseher; ja, wir haben Limonade getrunken; nein, wir sind gleich wieder gegangen –, Celia blieb stumm. Sie schwieg sogar, als ihre Eltern ihr ein Gerücht erzählten, das sie in der Bar unten gehört hatten, ein plumper Versuch, ihre Tochter nicht allein damit zu lassen. Jahre später steuerte Celia ein paar Details zu dem Gespräch bei. In der Schule erwähnte sie zwischen zwei Unterrichtsstunden die rosa Decke in Evas Zimmer; lange Zeit später, während ihres Erasmus-Stipendiums in Coimbra, schickte sie Inma eine lange Mail, in der sie die Gefühle beschrieb, mit denen sie an jenen Nachmittag dachte, die Begegnung mit all diesem Reichtum, unvorstellbar für zwei Mädchen wie sie. Zum ersten Mal erwähnte sie den Neid, den Alicia schon das ganze Schuljahr über in ihr erweckt hatte, die teuren Jogginganzüge, während sie sich mit einer Kombination aus Hose und Sweatshirt begnügen mussten, und zum ersten Mal erwähnte sie auch die Erleichterung, die sie an jenem Nachmittag – am Ende des Nachmittags – verspürt hatte, den Frieden, als sie nach Hause zurückgekehrt war und auf dem Sofa Mutter und Tante angetroffen hatte, den kleinen Bruder und die beiden Cousinen, die ihre Hausaufgaben machten; den Großvater im Schaukelstuhl, die Jalousie heruntergezogen, um eine künstliche Nacht zu schaffen. Den Frieden, die Tür ins Schloss fallen zu hören, weil Tante und Cousinen nach Hause gingen, und den Frieden, später die Tür aufgehen zu hören, weil ihr Vater von der Arbeit nach Hause kam. Sie lief hin und umarmte ihn, und ihr Vater beschmutzte ihr T-Shirt mit Schmieröl aus der Werkstatt. Der Betreff, den Celia für die Nachricht gewählt hatte, schien keine Verbindung zu dem Gesagten zu haben: »Die Wunder«.

Inma las sie sofort, brauchte jedoch mehrere Wochen für ihre Antwort. Sie tippte, löschte, reduzierte einen ganzen

Absatz auf zwei Sätze und nahm am nächsten Tag den Faden wieder auf. Schließlich gelang es ihr, Celia von ihrem jahrelangen Gefühl zu erzählen, dass die Ereignisse jenes Nachmittags der göttlichen Gerechtigkeit entsprachen: Habgier ist eine Todsünde, zumindest hatte die Großmutter ihr das beigebracht. Wozu brauchte diese Familie all das, all die Fernseher, die Reisen, das hatte sich Inma jede Nacht gefragt, es wie einen Kehrreim wiederholt. Sie hätte nicht sagen können, was sie mehr geärgert hatte: die Unschuld, mit der Eva ihr die Wohnung gezeigt hatte, ohne zu merken, dass sie vor Celia und Inma mit ihrem Lebensstandard protzte, oder die Gleichgültigkeit, mit der Alicia sie empfangen hatte, ohne sie an sich heranzulassen. Celia antwortete sofort, eine Mail aus wenigen Zeilen, in der sie eine Anekdote von einer Party am Vorabend erzählte.

Sie hatten Alicia, hatten Eva nicht vergessen, nicht einmal Carmen, die Mutter der beiden, kaum mehr als ein im Schlaf atmender Körper jenseits der Tür, kaum mehr als eine anschwellende Stimme, vom Stammeln zum Schrei. Manchmal riefen sich Celia und Inma – Inma und Celia – während all der Jahre jenen Nachmittag ins Gedächtnis, wenn sie aus dem Kino kamen, einander bei einem Umzug halfen oder sich im Krankenhaus besuchten, wenn eines ihrer Kinder auf die Welt gekommen war.

»Glaubst du, wir werden einmal so wie sie?«, fragte die eine oder fragte die andere.

Und die eine oder andere verneinte, verzog das Gesicht, deutete ein Lachen an, zwischen Wunsch und Entsetzen.

In Alicias Gedächtnis ordnen sich die Erinnerungen an jenen Tag nicht chronologisch. Einzelne Szenen. Nicht rekonstruieren kann sie zum Beispiel die Zeit zwischen dem Klingeln des Weckers und der Rückkehr nach Hause, Stunden – sie könnte nicht einmal die Dauer angeben –, in denen sie sich streckt, in denen ihre Mutter ruft, sie solle schnell duschen, ihre Schwester sich Schokomilch auf den Träger-rock schüttet, die Mutter ruft, Alicia solle Eva beim Umzie-hen helfen. Doch in den folgenden – wenigen – Jahren be-hauptete Eva, ihr Vater sei zwar immer früher aufgestanden als sie und habe auswärts gefrühstückt, doch an dem Tag habe er sie zur Schule begleiten wollen; sie habe tatsächlich Milch verschüttet, aber er sei mit ihr in ihr Zimmer gegan-gen, und gemeinsam hätten sie ein Schulkleid ausgesucht. In beiden Versionen – in Alicias und Evas – war die Mutter noch nicht wach, das heißt noch nicht aufgestanden, vom Bett aus gab sie Anweisungen, was wie zu tun sei, ab und an war ein Gähnen zu hören. Von da an ist für Alicia alles ver-schwommen. Sie war mit Eva zur Schule gegangen oder mit ihrem Vater und Eva, war ins Gebäude der Älteren getreten, nachdem sie sich vergewissert hatte, dass ihre Schwester in das der Jüngeren gegangen war, oder sie hatte ihren Vater auf die Wange geküsst und die letzten Meter allein zurück-gelegt, damit niemand sah, dass sie in die Schule gebracht worden war. Sie ließ drei Unterrichtsstunden über sich er-gehen, in der Pause trat sie zu Celia und Inma und erklär-te ihnen, um welche Uhrzeit sie am Nachmittag kommen sollten, die Klassenlehrerin des letzten Jahres beglück-wünschte sie zu ihren Fortschritten. Nach weiteren drei Stunden – Religion oder Kunst, wer weiß – verstaute sie Bücher und Hefte in ihrem Ranzen, verabschiedete sich von Celia und lief ihre Schwester abholen. Aber dann: Alicia glaubt, dass ihre Schwester am Zaun wartet, in einem oran-gefarbenen Kleid aus samtweichem Stoff, das ihre Mutter ihr streng verboten hätte, weil sie es auf dem Pausenhof womöglich schmutzig machte. Ja: Erdspuren auf dem Kleid der Schwester, als hätte sie sich zu Boden geworfen, um irgendeine Choreografie vorzuführen. Ja: Womöglich hat ihre Schwester recht, und ihr Vater hatte an dem Tag das Haus später verlassen, im Wissen, was passieren würde. Alicia nahm sie fest bei der Hand, nahm die Hand der Schwester – wie sich die Hand des Vaters anfühlte, hat sie vergessen –, und sie gingen nach Hause. Sie aßen zu Mittag – was gab es: fast zwanzig Jahre her, und immer noch dieser Knoten im Magen –, die Schwester zog sich in ihr Zimmer zurück, um fernzusehen, die Mutter zog sich ins Schlafzimmer zurück, um einen Mittagsschlaf zu halten, Alicia sah sich eine Sendung an, und um fünf machte sie den Fernseher aus und stellte sich in die Wohnzimmermitte, an die Stelle genau unter der Lampe, um ihre Klassenkameradinnen kommen zu sehen.

»Wollt ihr Cola?«

»Die hat meine Mutter mir verboten. Sie sagt, davon kriegt man Krebs.«

»Meine Tante schmiert sich beim Sonnen damit ein, dann wird sie noch brauner. Du trinkst sie? Schmeckt das?«

»Ich mag sie. Meine Mutter macht einen Mittagsschlaf. Und eure?«

»Meine ist zu Hause.«

»Meine im Supermarkt.«

»Einkaufen?«

»Nein, sie arbeitet da.«

Während Inma vorsichtig Figuren ausschnitt, schrieb Celia auf andersfarbigem Tonpapier einige der Texte für ihr Wandbild ab, und Alicia übernahm den Titel am oberen Rand. Ihre Schwester hatte Malhefte ausgebreitet, die eigentlich für Jüngere gedacht waren, ihr aber immer noch Spaß machten. Eva bot Limonade an, Süßigkeiten, fragte nach Verwandten, von deren Existenz sie nicht einmal wusste; sie ahmte ihre Mutter nach, wenn Freundinnen da waren, das gleiche beharrliche Gemurmel, eher Rauschen als Unterhaltung.

»Eva, sei still und lass uns in Frieden, wir lernen.«

Sie verstummte, und als Inma fragte, in welcher Klasse sie sei, welche Fächer sie am liebsten habe, was sie einmal werden wolle, waren dem Mädchen nur noch einzelne Wörter zu entlocken. Wie immer war es Alicia gelungen, Eva auszuschalten, wenn sie sich in eine Miniaturversion ihrer Mutter verwandelte; sie hatte sie auf ihren natürlichen Platz verwiesen: ein neunjähriges Mädchen, unfähig, seine Stimme zu kontrollieren oder über die Nasenspitze hinauszudenken.

Inmas Mutter arbeitet in einem Supermarkt, Celias, wo immer sie Arbeit bekommt. Ein paar Monate scheuert sie Treppen, ein paar Monate hilft sie beim Friseur aus. Celia hat in der Schule sogar einmal erwähnt, glaubt Alicia, dass sie ein paar Monate in einem der Restaurants ihres Vaters gearbeitet hat. Würde Alicia an Träume und Prophezeiungen glauben, sie würde sagen, dass sich an dem Tag am großen Wohnzimmertisch ihre Zukunft offenbart hat, vor dem Zeichenkarton für die Hausaufgabe in Sachkunde. Aber nein: Sie glaubt an kaum etwas, damals erst recht nicht, und an jenem Nachmittag hatte sie Lust, sich zu amüsieren. In wenigen Tagen würde sie sich für immer von ihnen verabschieden – Familien wie die ihren, dachte Alicia, würden sich die Gebühren ihrer künftigen Schule nie leisten können –, und sie empfand keinerlei Sympathie für sie, diese Idiotinnen: unter der Woche im Sonntagsputz.

»Inma, habt ihr Internet zu Hause?«

»Wir haben keinen Computer.«

»Aber warst du schon mal im Internet?«

»Nein. Bloß einmal in der Bibliothek, ich glaube mit Vicky. Ich glaube, Vicky hat sich verbunden.«

»Ganz schön lahm war das«, erläuterte Celia. »Vicky weiß Bescheid, weil ihre Nachbarn Internet haben.«

»Habt ihr Fernseher?«

»Das schon.«

»Ja, im Wohnzimmer.«

»Aber nur im Wohnzimmer, oder?«

»Im Wohnzimmer, ja.«

»Ich auch, nur da. Aber wir schalten ihn nicht oft an, weil es Großmutter nicht gut geht.«

»Wir schon, die ganze Zeit. Wenn meine Tante kommt, die ganze Zeit.«

»Hier sieht jeder die Sendung, die er mag, in seinem Zimmer.«

Eva malte eine Figur aus und versuchte, nicht über die Linie zu rutschen. Während Alicia sich den nächsten Satz überlegte, bewunderte sie diese Anstrengung, keine Fläche weiß zu lassen, aber genau auf die Umrisse zu achten. Die gleiche Sorgfalt, die gleiche Aufmerksamkeit konzentrierte Alicia darauf, Worte zu finden, mit denen sie Celia und Inma verletzen konnte. Die Erinnerung an sie, eine Linie des Leids in der Erinnerung der Mädchen.

»Die Sachen, die ihr da anhabt, Inma, Celia ... Wirklich toll.«

»Danke. Das Kleid ist neu.«

»Ja? Wo hast du es gekauft? Ich hätte gern auch so eins.«

»Ich habe es letzte Woche bekommen, weil es meiner Cousine zu klein geworden ist, zu klein oben rum, da ist sie schon wie eine Frau. Aber sie hat es bloß zwei-, dreimal angehabt. Also ist es wie neu.«

»Vom Straßenmarkt, kann das sein?«

»Nein, glaub ich nicht. Meine Cousine kauft hier im Viertel ein, sie geht nicht bis dahin.«

»Wo ist der Straßenmarkt, Celia? Ich war noch nie da.«

Alicia sagte »Celia« und suchte ihren Blick. Vorher sah sie zu Eva, Zunge zwischen den Lippen, konzentriert, und zu Inma, ihr Blick starr auf einer Landschaft, die sie gerade ausradelte; dann die letzte, Celia. Celia hatte die Kappe auf ihren Stift geschoben, die Arme verschränkt und sich nach vorn gebeugt, die Augen nun wild auf Alicias gerichtet. Da wurde Alicia ihr Fehler klar, als hätte sie es nicht gewusst: natürlich, sich über Inma lustig zu machen. Die hatte ihre Bosheit als Neugier ausgelegt, sich geschmeichelt gefühlt, weil Alicia etwas über ihr Leben erfahren wollte, hatte während der Minuten ihrer Unterhaltung vielleicht sogar von einer Freundschaft geträumt, mit Sommernachmittagen vor dem Fernseher, unter der Klimaanlage. Aber bei Celia war das anders: Jeder Angriff auf Inma schmerzte sie, jeder Angriff auf sie selbst stachelte sie auf. Ein Wort reichte, und sie würde Alicia schaden, die ihre Reaktionen in den Gängen der Schule gesehen hatte: als sie einmal fast geflogen wäre, nachdem Dani Inmas Rock angehoben und Celia ihn am Hals gepackt hatte, Danis Füße ein paar Zentimeter über dem Boden, Inmas verkrampfte Hände, ihr Blick genau so wie jetzt.

»Der Straßenmarkt ist bei der Kirche, auf dem Parkplatz an der Straße zum Gewerbegebiet. Dienstags und freitags. Ich gehe nicht hin, weil ich Schule habe, aber meine Mutter geht, wenn sie nicht arbeitet, dann ist sie beschäftigt. Die Jeans hier sind vom Markt, und das T-Shirt ist aus dem neuen Laden mit Sonderangeboten, gleich bei der ersten Bar, die dein Vater aufgemacht hat. Dort wohnt ein Onkel deiner Mutter, nicht wahr? Einer meiner Nachbarn kennt ihn, glaube ich.«

Celias Antwort brachte Alicia damals aus der Fassung, denn sie hatte sich eine andere Szene gewünscht: dass sie ausholte und sie schlug, dass Eva schrie und ihre Mutter ins

Wohnzimmer gerannt kam. Am nächsten Tag hätten alle in der Schule darüber gesprochen, vielleicht hätte der Klassenlehrer Celias Eltern einbestellt, Inmas, Alicias, um so kurz vor Ende des Schuljahrs eine Lösung zu finden. Doch Celia schwieg und nahm die Arbeit wieder auf, etwas hastiger, sie versuchte, so schnell wie möglich ihren Text abzuschreiben. Alicia dachte, wie intelligent Celia war, intelligent und schlagfertig, direkt. Sie bedauerte, dass sie ihr ein ganzes Schuljahr lang so nah gewesen war und nicht öfter mit ihr gesprochen hatte; sie bedauerte auch, sie unterschätzt und auf diese Weise verletzt zu haben. Nein, nicht wirklich: Damals fand Alicia die Situation amüsant, Inma durch Schmeicheleien verspottet, Celia gedemütigt, ohne Internet, ohne Fernseher, mit ihrem lächerlichen Spitzensaum. Alicia kann nicht so tun, als hätte sie mit dreizehn die gleiche Reue empfunden wie mit dreißig; sie kann ihrer Schulzeit nicht die Empathie andichten, die ihr im Übrigen auch heute noch fehlt.

Da klingelte das Telefon.

Mit am meisten beschäftigte Celia später – so erklärte sie es Inma in ihren Gesprächen –, unter den Schülerinnen die zu finden, die jenen Nachmittag für sie heraufbeschworen. Sie suchte sich eine Figur, die sie »Alicia« nannte, mit den Eigenschaften ihrer früheren Klassenkameradin. Ein Mädchen, das sich aus irgendeinem Grund überlegen fühlte, weil ihre Familie vermögender war, weil sie wusste, dass sie hübscher oder intelligenter war, und sich ärmere, hässlichere, dümmere Freundinnen aussuchte. Wie im Schwimmbad, wenn du dich an den Schultern von jemandem abstößt und den anderen zugleich unter Wasser drückst. Wenn das neue Schuljahr ein paar Wochen alt war, telefonierte sie mit Inma, und sie gingen die Schülerinnen durch, zunächst mit der Begeisterung des Neuen, dann mit dem Überdruss derer, die den Stoff auswendig kennen. Celia war der Ansicht, dass es Inma nicht so auffiel, weil im naturwissenschaftlichen Zweig die menschlichen Eigenschaften der Schüler weniger zum Vorschein kamen, doch im musischen Zweig erleichterte es der Stoff. Eine Alicia, erklärte Celia, entwickelt keine Gefühle. Eine Alicia täuscht Gefühle vor, sie reißt die Augen auf, weil sie weiß, das tut man so, das erwartet man von ihr. Das Mädchen hatte sich in einen Archetypus verwandelt. Nachdem sie Alicia ihrer Schwächen und Vorzüge beraubt hatten, wurden Inma und Celia – Celia und Inma – mit den Jahren zu Zuschauerinnen. Anfangs nahmen sie zwei Stühle am Wohnzimmertisch ein, hörten das Telefon klingeln, Carmens Worte und Evas Weinen (was wohl aus Carmen geworden war, was aus Eva?). Alicias Schweigen. Doch die Zeit schafft Distanz, vertreibt sie von der Bühne: Erst saßen Celia und Inma auf der Terrasse, sahen von außen, was im Wohnzimmer geschah, dann ein Sprung auf die Straße, wieder am Zebrastreifen, von dem aus sie die Fensterfront beobachtet hatten.

»Dann hat das Telefon geklingelt«, sagte Celia immer zum Schluss. »Auf was für eine absurde Weise sich ihr Leben verändert hat, nicht wahr? Mit einem Telefonanruf.«

Dann klingelte das Telefon. Alicias Mutter ging ran, wie immer. Das Telefon hatte im Wohnzimmer und im Schlafzimmer geklingelt. Alicia begriff nicht, weshalb sie sich so vor den Mädchen zeigte, war verblüfft, dass ihre Mutter, die selbst vor ihren Töchtern immer geschminkt war, vor diesen beiden Unbekannten ihre Krampfadern zur Schau stellte, dunkelviolette Spinnennetze kurz unter dem Knie. Das Telefon klingelte, und Alicia schnappte ein paar Worte ihrer Mutter auf, die sagte, nein, das Notizbuch sei im Arbeitszimmer. Doch den Geräuschen nach ging sie nicht dorthin, sondern zu den Mädchen. Die Mutter platzte herein, fand neben dem Fernseher ein schwarzes Notizbuch auf dem Regal, und ohne auf Celia und Inma zu achten, nahm sie das andere Telefon ab.

»Hier bin ich, es lag anderswo. Mir ist eingefallen, dass ich gestern Abend etwas beim Fernsehen notiert und es dort gelassen habe. Ich gebe dir die Nummer durch.«

Die Stimme der Mutter unterbrach das Quietschen der Stifte auf dem Karton. Eva hatte mit dem Malen aufgehört, auch Alicia. Inma legte die Schere auf den Tisch, und Celia steckte die Kappe wieder auf den Stift. Die Freundinnen sahen sich an, lauschten dem Gespräch, versuchten, die Stimme am anderen Ende zu erraten, wer es war, wegen was.

Dann klingelte das Telefon, und wie ein Gespenst kam die Frau ins Wohnzimmer: ein schwarzes Unterkleid über schneeweißer Haut, schwarz die Träger, schwarz die Spitze über schneeweißer Haut, die Augenringe dunkel von verwischter Wimperntusche. Das Telefon klingelte, und weder Alicia noch Eva machten den Versuch, zu antworten. Celia und Inma hörten entfernt die Stimme der Mutter, als käme sie von weiter her als vom anderen Ende des Flurs. Unverhohlen unterbrachen die Mädchen ihre Tätigkeit, um zu lauschen: Keine Stiftspitze fuhr über den dicken Karton, keine Scherenklinge umrundete eine Berglandschaft. Carmen stammelte, während sie eine Adresse suchte – wie Inma versichert – oder eine Telefonnummer – wie Celia behauptet –, sie diktierte etwas und dankte für die Mühe.

»Ich weiß es nicht, er verlässt das Haus gewöhnlich, bevor ich aufwache. Gestern Abend hat er mir erzählt, dass er die Restaurants abklappern wird ... Ich hatte gedacht, er isst im Zentrum zu Mittag, denn bei meinem Onkel waren wir vorgestern. Du sagst, in keinem hat man ihn heute gesehen? Und ihr habt überall angerufen? Nein, ich glaube dir, ich frage nur. Gibst du mir bitte meinen Onkel? Gut, dann sag ihm, er soll mich anrufen, sobald er das nächste erreicht, sag überall Bescheid, er soll mich anrufen, egal, wo er ist. Ich bin nicht nervös, aber du wirst verstehen, das ist schon merkwürdig. Ich bin nicht nervös. Sprich nicht mit mir, als wäre ich schwachsinnig, sei so gut. Hör zu, ich rufe jetzt ein Taxi und fahre hin. Sagt meinem Onkel, er soll kommen, sobald er fertig ist. Ruft nicht mehr hier zu Hause an, bevor ich nicht da bin.«

Carmen verließ das Wohnzimmer so plötzlich, wie sie vor Celia und Inma erschienen war: wie aus dem Boden geschossen. Für Celia und Inma war Carmen zu einem Wesen aus dem Jenseits geworden.

In Alicias Erinnerung hatte die Mutter sie an dem Nachmittag zu sich ins Schlafzimmer gerufen, während sie sich anzog, und gesagt:

»Alicia, dein Vater ist verschwunden. Vormittags ist er in keinem der Restaurants aufgetaucht, auch nicht im Büro oder in der neuen Wohnung. Er geht nicht ans Handy, es klingelt nicht mal mehr. Die Sekretärin hat in den Krankenhäusern angerufen, bei der Polizei, aber niemand weiß etwas. Onkel Chico ist mit dem Auto unterwegs und sucht ihn, er hält bei jedem Restaurant, damit sie ausrichten können, dass er ihn noch nicht gefunden hat. Sag deinen Freundinnen bitte, sie sollen gehen.«

Doch in Wirklichkeit hatte ihre Mutter sie an dem Nachmittag ins Schlafzimmer gerufen, während sie sich anzog, und gesagt:

»Sie finden deinen Vater nicht, Ali. Ich gehe ins Restaurant im Zentrum und warte dort. Kümmere dich bitte um

Eva und sag ihr nichts. Ich gebe Tante Sole Bescheid, sie soll kommen, falls ich noch Zeit habe, bevor ich das Taxi rufe ... Macht nur ihr auf, sie hat keinen Hausschlüssel, und deinem Vater natürlich, falls er kommt. Deine Freundinnen können bleiben, wenn du Gesellschaft möchtest, dann seid ihr beschäftigt. Sag Eva nichts. Leg ihr einen Zeichentrickfilm ein, damit sie abgelenkt ist und keine Angst bekommt.«

Eine Familie fuhr von der Stadt in die Berge, wollte dort zu Abend essen, da etwas Wind ging, und die kleine Tochter sah von weitem den Körper eines Mannes. Das Mädchen freute sich über die Entdeckung: ganz wie beim Galgenmännchenspiel, um den Kopf ein Seil, das Seil an einem Baum, die weißen Leerstellen für die Füße, die keine Spuren mehr auf der Erde hinterlassen würden. Die Mutter schrie entsetzt auf, und der Vater wusste nicht, ob er beschleunigen und nicht weiter darauf achten oder anhalten sollte. Er parkte in ein paar Metern Entfernung – ein Wagen, an einem Baum zerschellt, der Wagen des Erhängten; ein Wunder, dass er nicht in Flammen aufgegangen war – und näherte sich vorsichtig, als wäre der Tod ansteckend. Der Tote hatte vor dem Sprung die Augen geschlossen, die Hitze hatte die Blutfäden an Nase und Mund getrocknet. Der lebendige Mann ging zu seinem Auto zurück, fuhr zur nächsten Tankstelle am Fuß des Berges und rief die Polizei.

Während der ersten Tage war im Viertel von einem Unfall die Rede: Die Familie habe in ein Landhaus ziehen wollen, denn die neue Wohnung sei ihnen zu klein geworden, bevor sie überhaupt darin gewohnt hätten, oder der Tote habe sein Geschäft ausweiten wollen und eines der Grillrestaurants gekauft und sei so eilig zurückgefahren, dass er die Kontrolle über den Wagen verloren habe. Jemand – der lebendige Mann, ein Angestellter, vielleicht die Polizisten, die die Leiche freigegeben hatten – beschrieb die Schlinge aus den Sicherheitsgurten, das Auto sei an dem Baum zerschellt, weil er versucht habe, einen Unfall vorzutäuschen, das erzählte man sich leise in den Bars im Viertel, in den Küchen seiner Restaurants. Man fragte Inma und Celia, ob sie etwas Merkwürdiges in der Wohnung gehört hätten. Inma gab Erklärungen ab, Celia schwieg, um sie beide rankte sich die Legende, sie hätten Carmens verzweifeltes Weinen miterlebt, als sie ans Telefon gegangen war oder als man sie vom Tod ihres Mannes unterrichtete. Monatelang meldeten sich vermeintlich enge Freunde des Ehepaars zu Wort, Begleiter bei Strandurlauben, Zeugen von Affären, einige versicherten sogar, der Tote erscheine ihnen im Traum, offenbare Geheimnisse, schwöre Rache.

Als Monate später die renovierte Hauptstraße eingeweiht wurde, warf sich eine Frau im Viertel von der Dachterrasse ihres Hauses, und der Körper landete – in ein weißes Laken gehüllt, um nicht sehenden Auges zu fallen – fast vor den Füßen der Bürgermeisterin. Als der Herbst kam, hatten alle Carmen, Alicia und Eva, den erhängten Mann am Berghang vergessen, und die drei hatten sich in einem neuen Leben eingerichtet.

# DIE MÄSSIGKEIT
Madrid, 1975

Beine hoch: Das befiehlt María, eine feine Schicht Puder an den Händen. Bitte. Beine hoch, damit ich es etwas leichter habe. Fein. Genau so. Sie hat sie beim Baden sauber gemacht und muss sie jetzt nur noch hinlegen und ihr die Windel anziehen. Sonst breitet sie ein Handtuch aus, damit die Überdecke nicht schmutzig wird, holt warmes Wasser – manchmal vom Hahn der Badewanne, manchmal erwärmt sie es auf dem Herd, wie für einen Tee –, befeuchtet ein Tuch und fährt damit über den Po, seift ein, wischt ab. Die Windel – ein grober Stoff wie aus einem alten Laken, der weder den Kot zurückhält noch den Urin aufsaugt – faltet und schlingt sie mit der Selbstverständlichkeit von jemandem um den Körper, der sie immerzu um ebendiesen Körper schlingt und faltet, mehrmals täglich, Tag für Tag, seit Jahren: der Körper flach auf dem Bett, die Augen geschlossen – der Blick dieses Körpers trifft sich nie mit Marías, als sollte sie aus dem Bild gelöscht werden. Eine seltsame Logik, denkt María: dass nicht existiert, was wir nicht sehen –,

Beine hoch. Beine hoch, zugleich wird der Po angehoben, unter Mühen macht sie ein Hohlkreuz, klagt manchmal dabei, und María nutzt den Moment und schiebt den Stoff zwischen Körper und Bett, Beine runter, und sie stopft den Rest des Stoffs zwischen die Schenkel, ein Knoten an der einen Hüfte, ein Knoten an der anderen. María reicht ihr die Hände, damit sie sich hochziehen kann. Sie streckt die Arme aus, schließt die Faust um Marías Handrücken, übt Gegendruck mit dem Daumen aus, María zieht sie zu sich heran. Das Gleichgewicht ist erreicht. Sie achtet nicht mehr auf den zerbrechlichen Körper, der sich da am Bettrand behauptet, dessen Hände sich schwach an die Decke klammern und der nicht weiß, dass der Stoff keinen Sturz aufhalten und ihr beim Umkippen die Decke folgen würde, vielleicht auch das Laken. Während María die Kleider holt, um sie anzuziehen, stellt sie sich einen Moment lang vor, wie der Körper auf dem Boden aufschlägt: ein Sack Knochen, kaum Fleisch über den alten Knochen, trockene, rissige Haut. Wenn der Körper zu Boden ginge, während María – mit dem Rücken zu ihr – Slip, Kniestrümpfe und Kleid holt, würde sie es merken oder würde sie ihn mit einem Gegenstand verwechseln, mit irgendetwas, was nebenan herunterfällt? Etwas in der Wohnung über ihnen, ein Buch vom Schoß auf den Boden. Entspricht Doña Sisis Gewicht ein paar Zentimeter von ihr entfernt dem Gewicht eines Gegenstands mehrere Meter über ihr? Luft und Entfernung, Doña Sisis Körper – ein lautes Stöhnen, vielleicht ein Ruf: María, Kindchen, wie das wehtut – unter dem Laken, unter der Decke nackt – eine grobe Stoffwindel, ein Baby von achtzig Jahren – auf den kalten Dielen.

Beim Baden mustert María den Körper, hält nach Verletzungen Ausschau, vergleicht den heutigen mit dem gestrigen. Sie bemerkt eine neue Wunde oder die Narbe einer alten von vor ein paar Tagen, und es gibt Wochen, da will sie der Tochter Bescheid sagen, wie schnell dieser Körper verfällt. Sie hilft ihr einzutauchen – ganz vorsichtig – und lässt der Frau ein wenig Zeit für sich allein, fünf, zehn Minuten, während das Wasser abkühlt. Anfangs hat María gefragt, ob sie Musik hören will, und ihr das Transistorradio aus der Küche überlassen; dann hat sie gemerkt, dass es der Frau ziemlich egal ist, ob Stille herrscht oder das Radio spielt, und sich das Hin- und Hertragen erspart. Wenn ihren Berechnungen nach das Wasser abgekühlt ist, kniet sich María neben die Badewanne und fährt mit dem Waschhandschuh über die gespannte Haut, kein einziges Haar auf dieser gespannten Haut, dünne Fäden trockenen Blutes auf der trockenen Haut, so fein, dass sie nicht einmal verkrusten: als würden sie sich ein ums andere Mal öffnen, womöglich das gleiche Blut, immer wieder neu. María geht eher sanft zu Werk als effizient: Sie gleitet mit dem Handschuh über die Haut, den Arm hinunter, den Rumpf hinauf, sorgt dafür, dass die Frau ein wenig stillhält; noch immer hat sie sich nicht – und wird es wohl niemals, damit muss sie leben – an Brüste und Schambein gewöhnt, nicht an ihre Scham dabei. Vor ein paar Monaten wurden der Frau die Haare geschnitten, denn während ein paar Streitereien hatte sie sich Büschel weißer Haare ausgerissen; seitdem stutzt María alle fünfzehn, zwanzig Tage vorsichtig das Haar, das über die Ohren und den Nacken hinunterwächst. María passt auf, dass ihr kein Wasser in die Augen kommt, tupft sie dann mit einem Handtuch ab: das Gesicht – auch hier trockene, faltige Haut; Haut auf Haut um Augen und Mund –, den restlichen Körper. Auf geht's, sagt María dann immer oder, das war's schon, oder sonst eine Bemerkung, die der Frau zeigt – dafür reicht das Gedächtnis noch –, dass sie reagieren, die Arme ausstrecken und um Marías Hals schlingen soll. Sie tastet ins Leere, bis sie auf die junge Frau trifft, dann packt María den Körper, so gut es geht, wickelt ihn in ein Handtuch und bringt ihn vom Bad ins Schlafzimmer. Sie bemüht sich, ihn nicht wie ein Bündel zu schleppen, begleitet den Gang mit einer gewissen Feinfühligkeit, täuscht manchmal ein Lachen vor oder trällert, um die Situation zu überspielen, kämpft damit, dass der Körper ihr nicht entgleitet, keine Tropfen hinterlässt und sie nicht wieder umdrehen und aufwischen muss, damit keine Flecken zurückbleiben. Erst wenn María ihr die saubere Windel angelegt und sie angezogen hat, öffnet die Frau wieder die Augen, die sie seit dem Entkleiden für das Bad geschlossen hielt. Wenn sie ihren nackten Körper nicht sehen muss, nicht in ihr Bewusstsein lässt, dass jemand Fremdes ihren nackten Körper wäscht, findet diese Szene nicht statt.

Je älter die Frau wird, desto mehr entschwindet ihr das Gewicht, verflüchtigt sich das Gedächtnis. Als María bei ihnen anfing, hatte die Mutter noch allein geduscht und nachmittags Freundinnen empfangen. Die Gespräche drangen bis in die Küche, und ihre Themen, ja ihre Sprache erinnerte María an die Filme, die die Kinos ein paar Straßen weiter zeigten. Sie besprachen die Heiligenlegende des Tages, klagten über ihre Beschwerden, ergötzten sich an den Anekdoten vergangener Jahrzehnte: Feste, Kleider, Schmuck, die heutige Mittelmäßigkeit verglichen mit den fünfziger Jahren, das wahre Glück ihrer Lebensläufe. Das Geschwätz der Frauen erweckte in María keine Neugier, sondern eine ungewohnte Wut, die sie an sich nicht kannte. María dachte daran, wie ihr Leben damals ausgesehen hatte: Von der kleinen Hütte ihrer ersten Jahre wusste sie nur, was ihre Mutter ihr erzählt hatte, sofern sie mit ihr sprach, doch sie erinnerte sich an den Morast im neuen Viertel nach einem Gewitter und an die kalten Sonntage unter Bäumen, wo die Familien das Mittagessen in die Länge zogen, oder an die Sommermorgen an der Mühle; eines Tages durfte man dort nicht mehr baden, Chico hatte sie gar nicht mehr kennengelernt.

Die Tochter betete morgens den Rosenkranz, die Mutter fiel in die Litanei ein, ließ jedoch die Geheimnisse, die anderen Gebete aus. Während dieser Zeit durfte María nicht Radio hören. Sie verdrängte die Stimmen, scheuerte indessen Töpfe oder kaufte ein. Auch nachmittags trennten sich die Wege von Mutter und Tochter: Bevor die Kirche nebenan in Argüelles eingerissen worden war, waren die Mutter und ihre Freundinnen die Calle de la Princesa Arm in Arm hinaufspaziert und hatten unterwegs in einer Konditorei Kaffee getrunken; die Tochter überquerte die Princesa und ging bis San Marcos oder in die andere Richtung zu den Karmelitinnen. Zuerst war eine der alten Frauen gestorben, wenige Monate später noch eine; nicht nur sie hinterließen Lücken, manche wurden krank und konnten keinen anderen Weg mehr bewältigen als den vom Schlafzimmer zur Toilette, und manche entdeckten in Sisis Reden die ersten Vergesslichkeiten: ein Wort, das einem nicht einfällt, ein Name, der nicht herauswill. Die Mutter blieb allein mit der Tochter. Hätte María nicht den Staub von den Silberrahmen gewischt, hätte sie die beiden für Laborexperimente gehalten. Die Fotos zeigten einen unscheinbaren Mann, immer mit hauchfeinem Schnurrbart, egal in welchem Alter: schlank neben der Frau im Brautkleid, die sich bei ihm eingehängt hat; fast durchsichtig im Boot im Retiro-Park, Doña Sisi wild gelockt, ein Mädchen im Arm; unsichtbar, so gut wie unsichtbar auf dem jüngsten Bild, auf dem sich in der damaligen Tochter bereits die heutige andeutet und die Mutter sich noch eine gewisse Anmut bewahrt, sie trägt eine Brosche, gibt sich übertrieben glücklich. Es hat einen

Vater gegeben, wie die drei Portraits zeigen. Was mit ihm geschehen, wie er verschwunden war, erfuhr María nie.

Die Tochter hatte panische Angst, die Pfarrkirche der Mutter könnte über ihr einstürzen; obwohl sie nach dem Krieg restauriert worden war, wollte sie partout nicht mit ihr gehen und schlug lieber die andere Richtung ein, auch wenn sie ihre Mutter im Stich ließ, um nicht selbst unter den Trümmern zu sterben. Ebenso wollte sie vermeiden, dass während ihrer Anwesenheit Männer ins Haus kamen – als die Mutter bereits krank war, empfing María den Klempner und bezahlte ihn mit dem Geld, das die Tochter ihr hingelegt hatte –, und María musste das Essen wegwerfen, wenn sie in der Fastenzeit zu viel eingekauft hatte. Für María waren jedoch die Marotten und das Misstrauen der Tochter beruhigend: Sie sollte auf keinen Fall im Haus schlafen, das hatte die Tochter sofort klargestellt, als María von einer Nachbarin empfohlen worden war, für die eine Freundin ihrer Tante arbeitete: aus purer Angst, dass María sie ausraubte, während sie schliefen, oder sich mit einem Kissen für irgendein Trauma rächte, das sie seit Generationen mit sich schleppte, dieses Mädchen von Gott weiß woher konnte zu allem fähig sein. Nie erlaubte die Tochter, dass María von der täglichen Routine abwich: Fußweg von der U-Bahn-Station Ópera, Straßenkleidung aus-, Arbeitskittel anziehen, putzen, abwaschen, bügeln, kochen, mit Doña Sisi reden, um zu sehen, ob sie sich noch Zahlen und Namen merken kann, nachmittags darauf achten, dass sich Doña Sisi nicht auf eigene Faust Kaffee macht, sie abends waschen, umziehen, die grobe Stoffwindel wechseln. Bestimmt gibt es Zellstoffwindeln, weich wie die für Babys, aber größer; ich kann mich erkundigen, bot María an. Die Tochter lehnte ab, verurteilte die Mutter zu wunden Stellen, zu dem nächtlichen Gestank nach Kot und Urin, die oft das

Laken, ja die Matratze befleckten. Obwohl María sich verboten hatte, Zuneigung zu den Familien zu fassen, für die sie arbeitete – das war ihr schon bei dem Baby aus dem ersten Haushalt nicht gelungen; du musst Distanz wahren, hatten die anderen Mädchen sie gewarnt, wenn sie auf dem Markt zusammentrafen, so schnell, wie du kommst, bist du wieder weg –, empfand sie jeden Morgen etwas für Doña Sisi, deren Verstand manchmal versagte, die jedoch auch die Augen schloss, weil eben nicht existiert, was wir nicht sehen. Kein Mitleid, kein Bedauern; nicht wirklich Mitleid, nicht wirklich Bedauern.

»Heute ist mein Namenstag«, verkündete die Señora.

María war überrascht. Sie hatte den Namen noch nie gehört, bevor man sie in dieser Wohnung in der Ventura Rodríguez zum Vorstellungsgespräch empfangen und ihr gesagt hatte, wie viel sie zahlen und was sie nicht durchgehen lassen würden. Während dieser ersten Begegnung hörte sie mehr von der Stimme der Tochter – sah man von den Rosenkranzgebeten ab – als in all den folgenden Tagen, bis zum heutigen. Ihre Sätze waren gewöhnlich knapp, immer ein Befehl, was zu tun sei und wie. María erzählte, sie wohne bei Onkel und Tante in Carabanchel, stamme nicht aus Madrid. Sie erwähnte Carmen nicht, das tat sie nie, auch nicht Pedro gegenüber, den sie damals noch gar nicht kannte. Bist du fromm und barmherzig, wollte die Tochter wissen; natürlich, antwortete María. Jahre später, als die Mutter krank wurde, verstand María die eigene Antwort. Nicht wirklich Mitleid, nicht wirklich Bedauern: Barmherzigkeit. Barmherzig war sie natürlich nicht mit den Frauen, die befahlen und bezahlten, sondern mit sich selbst.

»Heute ist mein Namenstag.«

María forderte sie auf, sich ein Kleid auszusuchen, ein

Medaillon oder einen Ring aus dem Schmuckkästchen, fragte, ob sie ihr Augen und Lippen schminken solle, aber Doña Sisi antwortete nicht. Anfangs, wenn die Tochter zeitig in die Kirche gegangen war, weil sie beichten musste, und die Freundinnen der Mutter noch nicht gekommen waren, hatte sich die Señora mit María unterhalten. Der Klang ihrer Stimmen war ihnen lieber als das Radio. Sie sprachen über das Wetter, was die eine am nächsten Tag essen, die andere kochen würde, Doña Sisi wollte unbedingt Näheres über Marías Herkunft erfahren, die sie exotisch fand, so viele Leute in einer so kleinen Wohnung, und du hast tatsächlich genäht mit diesen hässlichen Händen, diesen plumpen Fingern, Doña Sisi, hat man Sie nach dem Film benannt? Sisi, in jeder Silbe nur ein s, erklärte sie, bei der Kaiserin zwei s in der zweiten. Von Sisinia, nach Sisinnius. Der war für zwanzig Tage Papst, Anfang des 8. Jahrhunderts. Er hatte Gicht und musste gefüttert werden. Mein Vater fand das kurios. Jeden 23. November gingen Mutter und Tochter zur Feier des Tages zum Mittagessen aus. Nachdem die Señora krank geworden war und das Haus besser nicht mehr verließ, sollte das häusliche Mittagessen – so die Tochter – das Eingesperrtsein aufwiegen. María legte sich ins Zeug. Sie grillte ein Viertelhuhn für die Tochter und machte aus dem anderen Viertel eine Hühnerbrühe für die Mutter, Gemüsepüree für die Mutter und glasiertes Gemüse für die Tochter, bereitete einen Nachtisch zu – das erste Mal Vanillepudding; den mochte die Tochter nicht, María solle sich verfeinern –, den Doña Sisi gefahrlos schlucken konnte.

»Meine Tochter, wann kommt sie wieder?«

María log, bald, wusste es aber nicht. Sie wählte für die Frau ein langärmeliges Kleid, bordeauxrot, aus dickem Stoff, damit ihr nicht kalt wurde, zog ihr Unterrock, Strumpfhosen, Kleid und Schuhe an, und die Frau streckte ihr die

Hände entgegen, damit María sie hochzog und mit ihr ins Wohnzimmer ging. Sie klammerte sich an Marías Arm, und mit Trippelschritten durchquerten sie die Wohnung mit den hohen Decken, dem spärlichen Licht – kein Putzmittel konnte die trübe Fensterfront aufhellen –, dem Flur mit den drei Schlafzimmern. Das größte war geschlossen, darin hatte der Vater geschlafen. An manchen Vormittagen lüftete María dort und wischte Staub. Links und rechts davon die Zimmer von Ehefrau und Tochter, gleich möbliert, in dem der Mutter eine Vase mit frischen Blumen, die María immer erneuerte, obwohl es Doña Sisi nicht einmal mehr bemerkte. Ein Fuß, dann noch ein Fuß, Schritt für Schritt zum Wohnzimmer, bis die Señora auf das Sofa sinkt, eine Decke gegen die Kälte, denn María möchte nicht auch noch eine Erkältung der alten Frau bewältigen müssen. María schaltet den Fernseher ein und geht in die Küche, einen Kamillentee für Doña Sisi – sie wird aufpassen, wenn sie ihn trinkt –, für sich einen Kaffee. Wenn die Tochter noch nicht da ist, setzt sie sich mit der Señora manchmal vor den Fernseher, und sie sehen eine Sendung; sobald sich der Fahrstuhl dem dritten Stock nähert, steht María auf und geht in die Küche, für alle Fälle. Bei den Kaffeekränzchen der ersten Jahre war María aufgefallen, wie Doña Sisi ihre Geschichte ausschmückte. In dem Haus gab es natürlich größere Wohnungen, luxuriöser möbliert – María ahnte es, wenn sie dort um Milch oder Salz bat, und das Einkaufsgeld musste sie immer gut einteilen –, doch die Mutter überrollte die anderen mit ihren Schilderungen, überzeugte sie von ihrer glorreichen Vergangenheit.

»Mach den Fernseher aus. Es gibt Lärm auf der Straße.«

Am Freitag hatte María bei ihrer Ankunft die Jalousien heruntergelassen vorgefunden, heute kein Fernsehen, keine Musik, höchstens eine Gesprächsrunde im Radio, sprich nur, wenn nötig, in diesem Haus respektieren wir die Toten. Die Tochter verbot jedes Geräusch und verließ die Wohnung am späten Vormittag. Als die Mittagszeit vorüber war, Löffel für Löffel die Suppe der Mutter, María die ihre in der Küche, ging sie davon aus, dass die Tochter nicht zu Hause essen würde, und füllte ihr Essen in Frischhaltedosen, falls sie später mit Hunger zurückkehren sollte. Die Tochter kam erst, wenige Minuten bevor María gehen wollte, sie hatte sich schon Sorgen gemacht, ob sie würde bleiben müssen, damit Doña Sisi nicht allein war. Die Tochter fragte: Gehst du zu Ópera? María dachte erst, sie rate ihr davon ab, wegen all der Leute, aber dann verstand sie, dass sie nach etwas anderem fragte: Gehst du zur Aufbahrung, wollte die Tochter wissen. María bejahte, aber ja, natürlich. Sie begriff, dass das von ihr erwartet wurde. Die Tochter entgegnete, das gefalle ihr, es gefalle ihr, dass sie eine anständige Frau sei, und María verließ das Haus rechter Hand Richtung Ferraz, aber an der Plaza de España überlegte sie es sich anders und ging hinauf zur Gran Vía, dann weiter bis Callao, dort nahm sie die U-Bahn nach Hause. María hatte Samstag- und Sonntagnachmittag frei, sie musste nur ein Abendessen vorbereiten, das die Tochter aufwärmen konnte, doch die kündigte an, bevor María ging: Das sind komplizierte Tage, wie du dir denken kannst; womöglich musst du die Señora länger hüten als sonst. Die Señora, ihre Mutter. María fiel kein Grund dafür ein, aber sie sagte, ja, natürlich. Als sie am Sonntag wie jeden Tag durch den Dienstboteneingang in die Küche trat, hörte sie nicht die Gebete der Tochter im Schlafzimmer, sondern das Klagen der Mutter, die Windel schmutzig, weiß Gott seit wann.

»Woher kommst du?«

Das fragt die Frau an manchen Morgen: Woher kommst du, welchen Weg hast du genommen. María weiß nicht, ob es noch die höfliche Konversation der ersten Jahre ist und der Stadtplan nun das Wetter ablöst, ob die Frau sie mit der Tochter verwechselt oder ob ihr Gesicht für sie jeden Tag neu ist. María beschreibt ihren Weg, geduldig: Haustor, Straßen, U-Bahn-Station, die immer gleichen Gesichter im Wagon. Da Doña Sisi nie reagiert – María kann nicht unterscheiden, ob sie weghört, ob es sie nicht interessiert oder sie es am nächsten Tag wieder vergessen hat –, variiert sie ihren Bericht: Sie wacht nicht in ihrer Wohnung auf, sondern bei Onkel und Tante, wo sie anfangs noch gewohnt hatte, oder sie beschreibt, was ihr von der Strecke zwischen Elternhaus und Schneiderwerkstatt in Erinnerung geblieben ist: Die ewig lange Straße mit den weißen Fassaden, mit billigem Kalk getüncht, eine wie die andere, unmöglich zu unterscheiden, wenn man nicht auf die Hausnummern achtete – manche Eigentümer weigerten sich, die Nummernkachel aufzuhängen – oder auf die Gespräche, die nach draußen drangen. Die ewig lange Straße, die in eine ebensolche mündete, das Gedächtnis taucht sie nicht ins Grau des Madrider Pflasters – das ist für sie die Farbe von Straße und Gehweg –, sondern in das Erdbraun ihres Viertels. Es ist nicht mehr ihr Viertel, das wird ihr klar, wenn sie in ihrer Geschichte für Doña Sisi die Tür hinter sich schließt, eifrig läuft und läuft, bis die Häuser aufhören und sie nach links biegt, zur Bushaltestelle. Je weiter sie geht, desto weniger gleichen die Häuser dem, in dem Sole, Chico und ihre Eltern leben – in ihrer Erinnerung ist Carmen noch nicht auf der Welt –, sie hat das Gefühl, dass diese Bilder zu einem anderen Ort gehören, wie eine Scheibe, die nichts durchscheinen lässt, sondern auf die die Gebäude und Menschen nur projiziert werden, wie im Kino. Sie gehörte nicht zu der Stadt mit den Häusern, die sie damals vom Bus aus gesehen hatte, mit den Gebäuden – und dem, was ihrer Vermutung nach darin geschah – rund um die Schneiderwerkstatt; auch nicht zu der Stadt des vorigen Haushalts, dem mit dem Baby, das so süß roch, auch nicht zu der dunklen Wohnung von Doña Sisi und ihrer Tochter. Das wird sie natürlich erst später wissen, wird es später denken; jetzt redet María, und Doña Sisi starrt auf den ausgeschalteten Fernseher, auf die leere Vase und antwortet manchmal: sehr gut, oder: na, jetzt bist du ja hier, oder: willst du ein Glas Wasser, oder sie sagt gar nichts.

Seit Freitag – Donnerstagabend war Pedro zu ihr in die Wohnung gekommen, um es ihr zu erzählen, falls sie es noch nicht wisse: selbst der Letzte im Land weiß das, warf er ihr vor, mit dem Gefühl, dass er sie manchmal unterschätzt – fährt María nicht mehr bis Ópera und umrundet dann den Platz, sondern steigt in Callao in die gelbe Linie, die sie bis zur nächsten Ecke bringt, oder sie geht die Gran Vía hinunter und sieht sich Schaufenster an. Pedro hat gewarnt, sie solle lieber einen Bogen um die Plaza de Oriente machen, und María hat versprochen, die Gegend zu meiden, aber irgendwie müsse sie zu der Wohnung gelangen. Da die Tochter am Freitag nicht da gewesen war, nicht am Samstag und auch heute nicht, hatte María gestern nicht genügsam in der Küche zu Mittag gegessen, sondern auch für sich auf dem Wohnzimmertisch gedeckt. Die Tochter hatte den ganzen Freitag in der Schlange vor dem Aufgebahrten angestanden, war am Samstag zurückgekommen und gleich zur Totenandacht in die Pfarrkirche weitergegangen. Ob sie heute wieder ganz in der Nähe betet oder ob sie einen Nachbarn überredet hat, sie im Auto bis hinauf nach Cuelgamuros mitzunehmen? María hatte nicht gefragt, die Tochter keine Erklärung gegeben: Tasche, Mantel, Tür zugeschlagen. Weder Mutter noch Tochter sagen etwas, niemals: Auf den Möbeln Fotos, die kaum etwas verraten, auf ein paar wenigen der Mann, den María für Ehemann und Vater hält, niemals hat sie zu fragen gewagt, ob er gestorben ist. Keines der Mädchen aus den anderen Wohnungen weiß etwas darüber. Sie bleiben nur wenige Jahre: arbeiten, heiraten und arbeiten dann bei sich zu Hause, oder man will sie loswerden, und sie arbeiten anderswo, alle sind sie blutjung, aus Cádiz, Murcia, Badajoz. Man nennt sie nicht bei ihrem Namen, sondern nach der Wohnung, in der sie putzen, abwaschen, kochen, María wäscht die Señora und wechselt ihr die Windel, die aus dem ersten Stock rechts erträgt die Zwillinge nicht, in der Wohnung oben halten sie nie mehr als zwei, drei Monate durch. Wenn María einmal nicht mehr dort arbeitet, wird niemand im Haus mehr etwas von ihr erfahren: Sie wird verschwinden, als hätte sie nie existiert.

Der Fahrstuhl ist zu hören, und María denkt, nach all der Zeit kann das die Tochter sein, aber er hält nicht in ihrem Stock, fährt weiter bis zum nächsten, und María entspannt sich. Sie kehrt wieder um – sie war schon auf dem Weg in die Küche – und mustert die Señora, ihren Körper auf dem Sofa, die Decke über dem Körper, der wie achtlos hingeworfen auf dem Polster liegt. Obwohl sie ihr keine Frage gestellt hat und María gewöhnlich nicht unaufgefordert spricht – zwei, drei zärtliche Sätze beim Waschen, Windelwechseln oder Ankleiden, zur Beruhigung –, ist ihr das Schweigen zwischen ihnen unbehaglich. Ihr bleibt nicht mehr viel zu tun. Doña Sisi ist hergerichtet, die Wohnung sauber, es ist noch Zeit, das Mittagessen zu machen und etwas fürs Abendessen vorzubereiten. Die Señora hatte verlangt, den Fernseher auszuschalten, sie wollte auf den Lärm draußen horchen, ohne zu begreifen, dass der Ton von den Bildern vor ihren Augen kam, und als María wieder einschaltete, wehrte sich die alte Frau dagegen: Sie senkte die Lider, wedelte mühsam mit der rechten Hand. Die Señora hat sich nicht für die Ereignisse interessiert, und María weiß nicht, was sie erklären soll, und so beschreibt sie ihr, was das Fernsehen in den letzten Tagen gezeigt hat. Sie müsse zugeben, die langen Schlangen seien beeindruckend, Körper wie Ameisen bis hin zum Palast, Körper wie Ameisen vorbei an den Karmelitinnen; Körper wie Ameisen, unter denen gut und gern Doña Sisi und ihre Tochter, auch sie selbst, Pedro, ihre Eltern hätten sein können. Die Tochter kommt nicht zurück, und María weiß nicht mehr, worüber sie sprechen soll. Das Mittagessen ist noch fern, sie missachtet den Willen der alten Frau und schaltet den Fernseher wieder ein, als Hintergrundgeräusch. Sie mustert Doña Sisi, ihre geschlossenen Augen, sie ist auf dem Sofa eingeschlafen. Das passiert häufig, sie schläft viel, seit sie krank ist, wegen der Medikamente oder wegen des Alters oder weil ihr der Tag kaum andere Alternativen bietet, als die Augen zu schließen, um nicht sehen zu müssen, zu schlafen, die Augen zu öffnen und wieder zu schlafen. María setzt sich neben sie auf das Sofa, tastet instinktiv nach ihrer Hand – zum ersten Mal, wie ist sie nur auf die Idee gekommen –, tastet unter der Decke nach ihr und spürt die Kälte der Hand. Nicht verwunderlich bei den Temperaturen draußen, die Logik der Jahreszeit: Ende November, Sonntag, der 23., die heilige Sisinia. Die Señora schläft, zumindest scheint es so. Sie berührt sie leicht an der Schulter, mit den Fingerspitzen der Rechten – die Linke auf der kalten Hand –, berührt die Schulter, zuerst tastend, dann fester; die Frau reagiert nicht. María ruft sie bei ihrem Namen, Doña Sisi, ein Flüstern, um sie nicht zu wecken, falls sie schlafen sollte, dann wiederholt sie beharrlicher Sisi, wiederholt Sisi, der Name ersetzt einen Wunschsatz: María will nicht, dass passiert, was vermutlich passiert ist. Ihre Stimme lauter, immer lauter: Doña Sisi, Sisi, Señora, antworten Sie, der Körper kippt auf die andere Seite, ein

Sack Knochen, kaum Fleisch über den alten Knochen, trockene, rissige Haut. María lässt die Hand der alten Frau los, rückt ihren Körper von dem anderen ab, denkt nach, was zu tun ist. Was tun, María? Hilfe holen, irgendjemanden. Eine Telefonnummer? Wen kann ich anrufen? Chico, Pedro, den Onkel in jener Wohnung im ersten Stock, die sie so selten besucht, seit sie in ihre eigene gezogen ist? Hilfe holen, irgendjemanden: den Pförtner, einen Nachbarn. Ein Mann wird wissen, was zu tun ist.

Sie nimmt nicht die Dienstbotentreppe, denn in manchen Wohnungen wird sonntags nicht gearbeitet, und womöglich hört sie niemand. Sie lässt die Tür offen, lässt Doña Sisi, die keine Antwort gibt, auf dem Sofa zurück, der Körper nach links gekippt, Knochen, Fleisch, gespannte Haut, die sich María keinesfalls aufgeplatzt vorstellen will, von Würmern zerfressen; sie steckt den Hausschlüssel in die Schürzentasche, wartet nicht auf den Aufzug, stürzt die Treppe hinunter zum Pförtner. Die Pförtnerloge ist geschlossen: Sonntag, niemand antwortet. María klopft bei der Pförtnerwohnung, mit geballter Faust, ein dumpfer Schlag gegen die Tür, tock, tock tock, tock tock tock, immer lauter, machen Sie auf, hören Sie, ich bin María, María, die von Doña Sisi aus dem Dritten, die Stimme immer lauter, tock, tock tock, tock tock tock, Sie müssen mir helfen. Niemand antwortet. Das Ohr an der Tür: nichts zu hören. María weicht einen Schritt zurück, noch einen, geht die Treppe hinauf in den ersten Stock, klingelt an der linken Tür, an der rechten, atmet immer schwerer vor Anstrengung und Erschöpfung, wiederholt, machen Sie auf, hören Sie, ich bin María, die María von Doña Sisi, helfen Sie, Hilfe. Das Gleiche wie bei der Pförtnerloge: Niemand öffnet, ein herrlicher Sonntag für Pförtner und Familie, fern von allem, bei einem Verwandten in einem anderen Viertel, mit Frau und Kindern vor einem Teller Reis in Villaverde

Bajo, ein herrlicher Sonntag für die Familie im ersten Stock links und die Familie im ersten Stock rechts, sie sieht sie vor sich, eng gedrängt neben Doña Sisis Tochter auf einem Gehweg, weiße Taschentücher in der Luft, eine Träne rollt hinab zum Kinn. María geht unterdessen durchs ganze Haus: leer das Büro im Zwischengeschoss, niemand in der Pförtnerloge, leer auch die Wohnungen im ersten Stock, also geht sie in den zweiten. Außer Atem klingelt sie links, wiederholt ihre Botschaft, hören Sie, machen Sie auf, Doña Sisi, Hilfe, die von Doña Sisi, hören Sie: Niemand antwortet auf dieser Seite der Treppe. María klingelt Sturm, springt zur rechten Tür im zweiten, schlägt, schreit, Hilfe, schreit, helfen Sie mir, ich bin María, die von Sisi, machen Sie auf. Sie merkt gar nicht, dass ihre Worte den Besitz anzeigen, sie als Besitz der Señora; in dem Moment denkt sie nicht darüber nach, nicht in den Jahren damals. Schließlich hört sie etwas: ein Geräusch, jemand hat einen Stuhl verschoben oder einen Tisch, Holz auf Holz; Doña Sisis Knochen und das Fleisch über den Knochen auf dem Sofapolster. Ich komme, verkündet eine Stimme hinter der Tür, als die Tür – ein Riegel, noch einer und ein Schloss – sich öffnet.

»Ich bin María, die von Doña Sisi, aus dem Dritten. Die Señora sagt nichts mehr. Ihr ist etwas zugestoßen, sie sagt nichts, ich schüttele sie, und sie sagt nichts. Helfen Sie mir, bitte.«

»Die Herrschaften sind nicht da. Sie sind hinauf zum Escorial ... Ich weiß nicht, ob ich die Wohnung verlassen darf. Sie kommen sicher bald wieder.«

María sagt, bitte. Sie sagt, bitte, sonst nichts; sie weiß, die Art, in der sie die Frau ansieht, fügt etwas hinzu, ihr schwerer Atem – das Ausatmen gleicht einem Erbrechen – fügt etwas hinzu, ihr dünner Körper, der sich an Türlaibung und -rahmen klammert, fügt etwas hinzu. Die Frau, die im

Zweiten rechts arbeitet, sagt, ja; sagt, in Ordnung, wenn ihre Herrschaften zurückkehren, werden sie vermutlich die Schreie aus dem Dritten hören, hinaufgehen und nachsehen, ob etwas passiert ist. Sie schließt die Tür – es dauert: ein Schloss, noch eins – und geht María nach, die Treppe hinauf, María nimmt zwei Stufen auf einmal, die Frau aus dem Zweiten geht Stufe für Stufe. Die Wohnung ist anders geschnitten – die Wohnungen zur Linken sind bescheidener, so heißt es immer, ein Balkon weniger – und sie registriert, wie eifrig die Señora die Möbel pflegt. Auf dem Sofa, fragt die Frau laut – etwas älter als María, die gehört hat, dass sie in dem Zimmerchen hinter der Küche schläft: von ihr würde niemand als dem Dienstmädchen im Zweiten rechts sprechen –, und María bekräftigt erneut: auf dem Sofa. Die Frau umrundet es, nähert sich Doña Sisi, die Decke wärmt nun den kalten Boden. Sie beugt sich über den Körper, und María sieht es voraus, die Hand der Frau, die Handgelenk und Hals prüft. María hatte sich vorhin nicht getäuscht, ein Rütteln an der Schulter, die kalte Hand; doch sie brauchte jemanden, der es ihr bestätigt. Sie atmet schwer, hat die Schürze zu Boden geworfen, als würgte sie das Band um den Hals, aber immer noch atmet sie schwer.

»Ach, María«, die Frau kommt zu ihr. »Es tut mir so leid, María. Sie hat keinen Puls. Sie atmet nicht. Es tut mir so leid, wirklich.«

Über María bricht die Erinnerung an ihre Gespräche herein, die die Leere füllen sollten und bei denen Doña Sisi in ihren letzten hellen Tagen mehr über ihren Namen erzählt hatte. María wisse ja bereits, dass ihr Vater ihn ausgesucht habe – ihr Vater, ein Wort, mehr nicht: die Señora hatte niemals Einzelheiten hinzugefügt, keinen Namen, keine Herkunft, keinen Beruf; in der ganzen Wohnung gab es kein Foto, das jemand anderen zeigte als Mutter, Tochter und diesen abwesenden Mann – und dass er die weibliche Form eines Namens ist, den ein Heiliger getragen hat, krank und für kurze Zeit Papst. Aber soweit ich weiß, wird die heilige Sisinia, und sie senkte die Stimme, nur in einem Gebet angerufen, mit dem man den Teufel austreibt. Die Frau blickte sich um, vergewisserte sich, dass die Tochter nicht unbemerkt zurückgekehrt war – manchmal schloss sie sich nach der Messe in ihrem Zimmer ein und kam nicht einmal zum Mittag- oder Abendessen heraus –, und erklärte ihr, dass es mit den Besessenen nur zwei Frauen aufnehmen: die Heilige Jungfrau und die heilige Sisinia. Christus und Johannes der Täufer, die Erzengel und die Märtyrer, die Propheten und die Hierarchen, sie alle, allesamt Männer, werden bloß angerufen, bloß beschworen. Von der Heiligen María, der Mutter Christi, die die Macht von Wort und Kreuz trägt, verlangt man etwas mehr, aber Santa Sisinia ist es, die es mit dem Teufel aufnimmt: Die Einzige, die dazu fähig ist, kein Mann, kein anderer Heiliger schafft es, den Teufel aus dem Körper der Besessenen auszutreiben. Das fand mein Vater kurios. Und dich, María, warum hat man dich so getauft? Meine Großmutter hieß so, sie war meine Taufpatin. Wie schön, María, die alte Frau freute sich, sollte eines Tages der Teufel an unsere Tür klopfen, werden wir beide ihn gemeinsam vertreiben. Unterdessen fragt die Frau, die in der Wohnung unten arbeitet, was tun, was soll ich tun, rufe ich im Krankenhaus an, beim Bestattungsinstitut, so etwas ist mir noch nie passiert und ausgerechnet heute, Kleine, das ist nicht meine Tote. María versteht das Possessivpronomen nicht, als gehörte Doña Sisis Leichnam ihr. Als die Erinnerung sie loslässt, hat die Frau schon die Telefonnummer gefunden, und María hört das Gespräch: Sie hat einen Arzt für den toten Körper gerufen, als könnten die beiden Heiligen dieser finsteren Wohnung ein Wunder aufleuchten lassen.

»Ja, ich rufe aus der Ventura Rodríguez an, Nummer drei, dritter Stock links. Die Señora atmet nicht mehr, sie reagiert nicht, hat keinen Puls. Ja, ich weiß, man kommt nicht durch. Aber ist Oriente nicht schon seit einer Weile frei?«

Wird doch nicht die Einzige sein, die in Madrid heute stirbt, stimmt's, oder haben sie den Leuten das Sterben verboten, bis er begraben ist; und die Frau – die den Namen »Franco« nicht ausspricht, um keine Schwierigkeiten zu bekommen – sucht Marías Einverständnis, die sie blicklos anstarrt: die Augen geradeaus, erst die stehende Frau vor dem niedrigen Tisch, dann Doña Sisi auf dem Sofa. María antwortet nicht, und die Wohnungstür steht noch offen, die Frau bereut es, vielleicht hat man sie im Treppenhaus gehört, und wer weiß, ob sie María vertrauen kann, vielleicht kommt auch die alte Frau wieder zu sich – so ein Schreck, denn kann sie etwa zwischen einem lebenden und einem toten Menschen unterscheiden: sie putzt und kocht, versteht nichts von solchen Dingen – und schwärzt sie bei ihren Herrschaften an, zu deren Besitz sie sich zählen muss. María antwortet nicht, und die Frau ändert den Ton, großer Gott, María, es tut mir so leid, ich weiß nicht, was du tun kannst, sagt sie tröstend, während María aus der Distanz ihre Tote mustert. Ist es also ihre Tote? Was hat Doña Sisi mit ihr zu schaffen? Das Licht von der Straße hat noch nicht einmal Mittagshelle erreicht, aber für María und die Frau, die im Zweiten rechts arbeitet, zeigt es eine andere, viel spätere Stunde an. Das Licht ist nicht schuld daran, nicht einmal die Fenster: María gibt die Schuld – nahezu ein Abendlicht – der Farbe der Möbel, ihres Arbeitskittels, des Kleids, das sie für Doña Sisi ausgesucht hat. Gibt die Schuld dem toten Körper auf dem Sofa, nach links gekippt, dem kümmerlichen Gewicht auf dem alten Möbelstück. María fällt ein, dass die alte Frau immer die Augen geschlossen hat, um nicht sehen zu müssen, was geschah: Wenn ich etwas nicht sehe, existiert es nicht. Jemand kommt in die Wohnung – ein Arzt oder die Tochter, der Pförtner, die Herrschaften aus der Wohnung unten, die ihr Mittagessen verlangen –, sie merkt es nicht: María reißt die Augen auf.

## DER GEHÄNGTE
Córdoba, 1999

Der Körper hängt am Balken im Veranstaltungssaal. Man hat ihm die Hände auf den Rücken gefesselt, ihn am rechten Knöchel angebunden, der Knoten gerade so fest, dass er nicht nachgibt und der Körper nicht auf dem Boden aufschlägt. Das könnte eine Verletzung zur Folge haben, der Schmerz des Aufpralls, vielleicht ein Knochenbruch – die kurze Distanz zwischen Decke und Boden wird wohl zu nichts Ernsterem führen –, und wer das junge Mädchen aufgehängt hat, will nichts weiter als sie beschämen. Niemand weiß, wie lange sie schon dort hängt. In dem Raum wurde an dem Tag noch nicht unterrichtet, und ihr Englischlehrer schwört, sie frühmorgens gesehen zu haben, und doch hat sie eine Stunde nach der anderen versäumt. Da sie alle Prüfungen mit Bestnote besteht und die Hausaufgaben pünktlich abgibt – korrekte Rechtschreibung, nur hier und da entschlüpft ihr ein Akzent, der Inhalt spricht für eigenständiges, analytisches Denken –, ist man nicht weiter beunruhigt: eine Erkältung, ein Arztbesuch, morgen ist sie sicher wieder da und erklärt es uns, keine Angst, sie lungert bestimmt nicht auf irgendeinem Platz herum und raucht oder spaziert durchs Einkaufszentrum. Auch die brillanteste Schülerin will einmal untertauchen, sie verstehen und verzeihen es. Aber man hat sie dort versteckt, ihr Körper baumelt kopfüber am Knöchel.

Den Körper entdeckt eine Lehrerin, die sie nicht kennt, Sprache und Literatur im Abiturjahrgang, denn es gibt einen Vortrag dort, und den will sie gut vorbereiten. Der Blumenschmuck für den Empfang der Vortragenden fiel ihr aus der Hand, Blumen, Erde und Tonscherben auf den Fliesen. Hat das Mädchen die Augen geöffnet? Bewegt sie die Lippen? Nicht zu erkennen: Man hat sie mit dem Rücken zur Tür aufgehängt. Die Lehrerin fragt, ob sie noch lebt. Alicia bejaht. Nicht, ob es ihr gut geht – das tut es nicht –, sondern ob sie atmet, bei Bewusstsein ist. Erleichtert tritt die Lehrerin näher – sie hat also nicht den Leichnam einer Schülerin entdeckt – und sieht sich das Mädchen von vorn an: das gerötete Gesicht, die Pupillen, in die ihren gebohrt. Ich bin Alicia, aus der 9b. Die Stimme zittert ihr in dieser Position, nach all der Zeit, die sie kopfüber verbracht hat, bricht aber nicht. Sie hat sich in aller Ruhe vorgestellt, mustert die Lehrerin und wartet auf ihre Reaktion. Die Frau geht fort und kehrt zurück – Alicia schätzt, dass an die zehn Minuten vergangen sind: eins, zwei, drei, vier, sie hat die Sekunden gezählt, bei fünf-hun-dert war es ihr zu langweilig geworden –, in Begleitung von anderen Lehrern, dem Hausmeister, drei Schülern aus der Abiturklasse, die eine Gymnastikmatte tragen. Der Techniker braucht ein paar Minuten länger – er holt die Leiter –, und als einer der Lehrer den Knoten am Knöchel löst, sieht Alicia, dass sich der Direktor bekreuzigt: aus einer gewissen Distanz, als würde eine Szene gespielt und er wäre Zuschauer. Wird er am Ende klatschen? Die

Lehrerin, die sie entdeckt hat, stellt in der Art der Aufhängung eine gewisse Intelligenz fest – der Verantwortliche hat dafür gesorgt, dass die sechzig Kilo einer Jugendlichen in der Schwebe bleiben, fast ohne Druckspuren zu hinterlassen. Sie bemerkt es leise, im Vertrauen, dass niemand sie hört, aber das Schweigen der anderen verstärkt ihre Stimme. Ein paar Lehrer – sie erkennt den für Französisch – stützen Alicia an den Schultern, damit sie beim Losbinden nicht auf den Boden prallt. Die Schüler haben die Matte unter sie geschoben, damit der Sturz gedämpft wird, falls sie ihnen entgleitet. Während man sie abnimmt, denkt Alicia, dass sie es verdient hat. Als sie vom Knoten befreit ist, wird sie von allen gemeinsam umgedreht, und sie legen den Körper auf die Matte. Alicia betrachtet sie aus der Horizontale, Gesicht auf Gesicht auf Gesicht, dicht nebeneinander, die meisten haben noch nicht begriffen, was geschehen ist.

Der Lehrer auf der Leiter fragt Alicia, ob sie das Seil behalten möchte, als Andenken.

Zu Recht glaubt sie, dass sie es verdient hat: Vom ersten Tag an hat sie ihre Mitschüler provoziert, gedemütigt, sich daran ergötzt, sie lächerlich zu machen. Nichts Neues. In der staatlichen Schule hätten sie mit Prügel reagiert, hätten nach dem Unterricht auf sie gewartet, eine geballte Faust in den Magen, Beschimpfungen, Nutte, du Scheißnutte, jemand zieht an den Haaren, reißt den Haargummi ab samt verwickelten Haaren. Von diesen Mitschülern hatte sie sich etwas Raffinierteres erhofft und ist nicht enttäuscht worden. Auch wenn sie das ungern zugibt, sie hat sich nicht in ihnen geirrt. Zu Beginn war noch die Lust übermächtig gewesen, Alicia ein wenig leiden zu sehen – anfangs, gerade erst aufgehängt, mit etwas Kopfschmerzen –, doch dem restlichen Plan spendet sie Beifall: ohne Wenn und Aber. Ob dein Vater Heftmaschinen in einem Viertel ohne

Bushaltestelle verkauft oder sein Name eine Anwaltskanzlei schmückt, der Mittelmäßigkeit ist nicht mit Geld abzuhelfen, heißt es, doch Alicia weiß, das stimmt nicht. Zumindest schwächt es sie ab, hilft, sie zu überspielen: Sie garantiert ein Taschengeld, von dem man sich ein Hanfseil leisten kann, eine sichere Internetverbindung – nicht die öffentliche in der Bibliothek, bei der der nächste Nutzer deinen Suchverlauf sieht –, um herauszufinden, welche Knoten halten, ohne Schaden anzurichten.

Der Direktor bittet alle, im Unterricht darüber zu schweigen, damit die Eltern nicht davon erfahren. Eine Lehrerin, die ihr bekannt vorkommt – sie war einmal in Sozialkunde eingesprungen –, hält ihr eine Hand hin, damit sie aufstehen kann. Alicia ist schwindlig und klammert sich an den Arm, um nicht hinzufallen. Die Schüler schieben ihr einen Stuhl unter, und einer von ihnen sagt schließlich etwas zu ihr. Du hast es so gewollt. Alicia blickt sich um, kein Lehrer hört es, alle außer der Lehrerin für Sprache und Literatur – die nun vor der Bühne Stühle aufstellt – haben sich zurückgezogen. Alicia mustert den Jungen, den sie nie zuvor gesehen hat, und entgegnet, ja. Ja, voller Stolz: Ich verdiene es, als nähme sie einen Preis entgegen. Bitte Applaus.

In den nächsten Tagen bleibt Alicia bei ihrer Version: Sie erinnere sich an nichts, habe die Augen aufgeschlagen und auf einmal kopfüber am Knöchel im Veranstaltungssaal gehangen, die Decke war der Boden, der Boden die Decke und am Horizont eine leere Bühne. Wer war das, Alicia? Ich erinnere mich nicht. Wie hat er das getan? Ich erinnere mich nicht. Und wann? Ich erinnere mich nicht. Die Informationen, mit denen die Geistlichen jonglieren – Jahre später wird Alicia an den Direktor zurückdenken, der sich beim Abhängen des Körpers bekreuzigt hatte –, haben sie durch die Befragung anderer erhalten: vom Lehrer, der sie an dem Tag beim Betreten des Gebäudes gegrüßt hatte und beteuert, es könne jedenfalls nicht vor Viertel nach acht passiert sein; von zwei schüchternen Klassenkameradinnen, ebenfalls Außenseiterinnen, die schwören, sie habe nicht an ihrem Platz gesessen, das hätten sie gemerkt, mehr wüssten sie nicht. Es gab ein Zeitfenster vor dem Läuten der Schulglocke, es gab eine Zone zwischen Eingangszaun und Veranstaltungssaal – am Ende des Gebäudes, hinter Bibliothek, Lehrerzimmer und den Büros –, und diese Lücken hatte genutzt, wer auch immer das Mädchen aufgehängt hatte. War es ein Scherz gewesen? Hatte sie selbst Aufmerksamkeit erregen wollen, die Sache war außer Kontrolle geraten, und nun will sie nichts sagen, damit es am Ende nicht auf sie zurückfällt? Würden sie Alicia kennen oder hätten sie sich die Mühe gemacht, ihr zuzuhören, dann wüssten sie, dass sie für Scherze kaum zu haben ist. Wie Alicia schweigt auch die restliche Klasse. Niemand wird verraten, niemand nimmt die Schuld auf sich, auch fragt niemand nach Alicia, die von da an im Unterricht fehlt.

Alicia hatte es am ersten Schultag geahnt: Wer kannte damals nicht ihre Geschichte. Die Zeitungen hatten darüber berichtet: der Unternehmer, der den Ruin abwenden wollte, indem er einen Selbstmord als Unfall inszeniert. Bestimmt hatten die Eltern ihrer Mitschüler zu Hause darüber geredet, armes Mädchen, sieh nur, wo sie haben hinziehen müssen. Es war zu spät im Jahr, um sich für einen Platz an einer öffentlichen Schule zu bewerben, weshalb die Mutter die Anmeldung nicht stornierte. Nachmittags und abends ihr künftiges Leben – das Viertel am Stadtrand, die Mutter bei Onkel Chico in der Küche angestellt, der Vater tot –, vormittags das vergangene Leben; und auf dem Schulweg machte Alicia immer einen Schlenker, um ihrer Schwester

Tag für Tag die Wohnung zu zeigen, in die sie nie gezogen waren. Eva beschwerte sich, zerrte an ihrer Jeans, ihrem Ärmel, ignorierte die Schwester schließlich und ging allein zur Schule. Alicia sah sich den Balkon an, die Fenster und was drinnen geschah. Wer lebte jetzt dort an ihrer Stelle?

Alicia hatte keinen Grund für ihr Verhalten. Ihre Klassenkameraden kannten sich seit mehreren Schuljahren, und Alicias Schwierigkeit, sich in die Gruppe einzufügen, hatte weder mit ihrer Geschichte noch mit ihrer Herkunft zu tun, sondern mit ihrer Fremdheit. Für die anderen war Alicia bedeutungslos, sie existierte nicht, war allen egal. Nur ein einziges Mädchen kam am zweiten Tag auf sie zu und erzählte ihr leise, ihr Vater habe ihren gekannt. Alicia erfuhr, dass der Vater eine Bankfiliale leitete, und diese Information reichte ihr, damit sie niemals mehr ein Wort mit ihr wechselte und sich merkte, wie man die sensible, dumme Marina verletzen konnte, die die Tiere liebte: Wie sehr genoss es Alicia, als sich einmal eine Ratte den schlechten Zustand des Gebäudes zunutze gemacht hatte und ins Klassenzimmer geschlüpft war, sich eine ganze Unterrichtsstunde lang nach Belieben umsah, um das Mädchen herumstrich, dann ihre Tränen, als der Lehrer es bemerkte. Niemand sprach Alicia an, und sie ging auf niemanden zu. Immer drückte sie sich vor der obligatorischen Gruppenarbeit, sie wohne in einem anderen Viertel, schob Entfernung und Pflichten vor, ich passe auf meine Schwester auf, ich kann nicht wieder herkommen und sie allein lassen. Die Lehrer gaben nach. Ihre Mitschüler schlenderten grüppchenweise nach Hause, sie beide würden erst in dreißig, vierzig Minuten zu Hause sein. Eva brauchte länger, bis sie sich von ihren Freundinnen verabschiedet hatte, zwei Küsschen, eine Umarmung und das Versprechen, am Nachmittag zu telefonieren. Alicia wartete geduldig auf sie, um dann mit ihr zur Bushaltestelle zu gehen.

Unterdessen träumte Alicia jede Nacht von ihrem Vater: dem Selbstmord des Vaters, der versucht, sich durch einen Unfall umzubringen, und sich dann an einem Baum erhängt, Nacht für Nacht, bis morgens der Wecker klingelte und Alicia sich an den Hals fasste und ihre Beine bewegte, um sich zu vergewissern, dass sie am Leben war. Nie erzählte sie davon. Wem auch? Um sie herum: die Freundinnen, die sie nicht hatte, die Mutter, die niemals sprach, der Onkel, der ständig arbeitete, ihre kleine Schwester. Alicia wachte vom Weckerklingeln oder von den Absätzen ihrer Mutter auf, von dem Geräusch der Armbänder am Handgelenk ihrer Mutter, von den Geräuschen aus jedem der Zimmer ihrer kleinen Wohnung: Schlafzimmer, Badezimmer, Küche. Die Mutter richtete sich her, und bevor sie zur Bar ging, trug sie ihnen auf, sich anzuziehen und zu frühstücken, warf ihnen Luftküsse zu und schloss erleichtert die Tür. Sie würde sie nur zum Mittagessen wiedersehen, wenn sie im Restaurant das Menü aßen, und dann erst wieder spätabends, beide mit etwas Glück schon lange im Bett, wenn die Mutter nach Hause kam, mit ihrem Geruch nach ranzigem Öl. Alicia legte es darauf an: Wenn es auf zehn zuging, putzte sie sich die Zähne, tauschte Trainingsanzug gegen Pyjama und sagte Eva gute Nacht, die wie gebannt vor dem Fernseher saß und fast immer auf dem Sofa einnickte, damit sie ihre Mutter vor dem Schlafen noch umarmen konnte. Eva, die Unbekannte küsste, Eva, die jeden an sich drückte, der es nicht verdient hatte. Auch wenn sie nicht müde war, ging Alicia während jener Monate ins Bett, löschte das Licht und wartete schweigend auf den Albtraum: die Augen geschlossen, vor sich die trockene Erde der letzten Frühsommertage, und Szene für Szene spulte sich der Selbstmord des Vaters ab.

Wovon träumen die anderen? Im Bus zur Schule hört Alicia, dass ihnen im Traum alle Zähne ausfallen, dass sie nackt durch die Straßen gehen, Züge verpassen oder Prüfungen wiederholen müssen, die sie bereits bestanden haben. Zu Hause sucht sie die Bedeutung in ihrem Wörterbuch der Träume, das sie auf einem Flohmarkt gekauft hat: Furcht vor Veränderung, Sorge vor einer schweren Zeit, Gefühlsschwankungen in einer Beziehung. Einerlei, ob Mann oder Frau, jung oder alt, niemand gesteht, von etwas anderem zu träumen. Sie merkt sich die fremden Träume – die naiven Beschreibungen, die Einzelheiten, die sie hervorheben und sich dabei besonders vorkommen –, für den Fall, dass sie als Thema in Gesprächen auftauchen, die sie nicht hat, und deutet sie nach ihren Lebensumständen. Die Zähne, die Nacktheit, die Verspätung am Bahnhof, die noch immer nicht bestandene Prüfung. So wird man ihre Erzählung für wahrscheinlich halten. Wer würde ihr glauben, wenn sie erzählt, was wirklich passiert?

Ihr Körper, der im Veranstaltungssaal der Schule hängt. Noch heute redet Alicia nicht davon, wenn sie beim Kaffeetrinken Ankedoten aus jener Zeit ausgräbt, dieser Austausch, bei dem man den Staub von einer Szene wischt, während der Gesprächspartner noch nicht einmal seine Geschichte zu Ende erzählt hat. Sie verschweigt es nicht etwa aus Scham oder Verlegenheit, sondern weil sie begreift, dass diese Entscheidung – den Vorfall zu erzählen, zu beschreiben, wie sie an dem Tag ins Schulgebäude gekommen war und alles angefangen hatte, all die Stunden, die das Seil an ihrem Knöchel kratzte – ihnen einen Platz in ihrem Gedächtnis einräumen würde. Haben sie das verdient? Bemüht haben sie sich natürlich, wichtig zu werden. Sie erkennt ihre Ironie an, die ausgeklügelte Planung, räumt ein, dass sie sie damals unterschätzt hatte. Sie kann sich kaum an die Namen der Mitschüler erinnern, schon gar nicht an ihre Lebensumstände, doch sehr wohl daran, wie sie sie verletzt und warum sie sich wochenlang bemüht hatte, sie lächerlich zu machen oder bloßzustellen. Marina, die bereits erwähnte: Ihren Namen hat sie behalten. Ein anderes Mädchen mit krausem Haar, die sich wohl über ihre alten Jeans lustig machte, die an den Schenkeln schon Löcher hatten. Der Junge, der ihr kein Taschentuch geben wollte – Alicia wischte sich die Schnupfennase beschämt am Sweatshirt ab; als die Pausenglocke klingelte, lief sie zur Toilette, hielt den Stoff minutenlang unter den kalten Wasserstrahl, kam durchnässt in die Klasse zurück –, hatte es ihr schwer gemacht: nicht eine Fehlentscheidung, keine Ungeschicklichkeit, auf die sie sich hätte stürzen können. Tag für Tag beobachtete sie ihn im Unterricht, folgte ihm, nachdem sie sich vergewissert hatte, dass Eva den Bus allein nehmen konnte und der Mutter erzählte, Alicia habe Bauchweh, sie gehe allein nach Hause und mache sich dort eine Suppe warm. In der Mathestunde, heureka! Der Junge – Daniel hieß er – hat sein Buch vergessen und bittet den Sitznachbarn, in seines sehen zu dürfen, zu ihm soll man wohl großzügig sein. Auf einmal ein Blick des einen Jungen zum anderen, zwei, drei Sekunden länger als üblich. Daran hält sich Alicia fest, folgt dieser Fährte wochenlang: all die Vergesslichkeiten – Füller oder Tintenkiller –, das eifrige Kommentieren der Fußballspiele – die Gleichgültigkeit des Fragenden, die Begeisterung des Antwortenden –, und fast immer die Blicke, auf die der Sitznachbar nicht reagiert und die der Junge, der ihr kein Papiertaschentuch geben wollte, hartnäckig wiederholt, weil er sich unbeobachtet fühlt. Er täuscht sich: Alicia beobachtet ihn aus der letzten Reihe. Dort saß sie unter dem Vorwand, als Letzte gekommen zu sein, und schob Schüchternheit vor, aber im vergangenen Schuljahr hatte sie gelernt, dass es die klügste Platzwahl ist, die ihr einen Vorteil vor allen anderen verschafft: sehen, ohne gesehen zu werden, die übrigen Vierzehn-, Fünfzehnjährigen studieren, sich den anderen gegenüber das einzige Privileg verschaffen, das die Umstände ihr gestatten.

Da sie im Nachteil war, hatte sie zwei Möglichkeiten: Angriff oder Verteidigung. Alicia entschied sich fürs Erste. Sieh an, Junge, wie auch immer du heißt – du hast Glück, ich habe mich erinnert: Daniel –, wer auch immer dein Vater ist, deine Mutter, wo auch immer du wohnst und in was für einem Büro du in zehn, zwanzig Jahren sitzen wirst; sieh an, Junge, der du dich geweigert hast, die Vordertasche deines Ranzens zu öffnen, dein Päckchen Taschentücher herauszuziehen und der Mitschülerin eines zu geben, die dich zwei Reihen hinter dir darum gebeten hat – das Mädchen vor Alicia und hinter dir, Daniel, hatte als Verbindungsglied gedient: Alicia hatte sie entschuldigt, weil auch ihr die Nase lief und sie sich ebenfalls gerade mit dem Pulloverärmel abgewischt hatte –, sieh an, dir gefällt also der Junge, der neben dir sitzt, da ist wohl eine Lektion fällig, damit du dich beim nächsten Mal anders benimmst, netter bist. Es spielt keine Rolle, dass Alicia fast nichts über den einen weiß und fast nichts über den anderen: Sie begreift sehr wohl, dass es auf einer katholischen Schule heikle Beziehungen gibt. Sie überlegt, wie sie sich rächen, ihn verletzen soll. Seine Veranlagung zu offenbaren, hält sie für unangemessen und ungerecht, es passt nicht zu ihr, sie ist subtiler. Sie hat nicht vor, Daniels Leben zu zerstören, ein künftiger Ingenieur, künftiger Richter, jemand, dem Alicia in zehn, zwanzig Jahren einen Kaffee oder ein Entrecote servieren wird. Bloß eine kleine Lehre, ein Ziehen an den Ohren, das nur er bemerkt, damit er nachdenkt und sich für seine mangelnde Liebenswürdigkeit entschuldigt. Eines Morgens, während sie einen Tampon wechselt, entschließt sich Alicia. Als die Pausenglocke erklingt – da sie niemanden zum Reden hat, verbringt sie die Zeit gewöhnlich in der Bibliothek –, trödelt sie so lange, bis alle hinausgegangen sind. Sie öffnet den Ranzen ihres Klassenkameraden, nimmt sich ein Buch heraus und schließt ihn wieder. Niemand wird sie verdächtigen. Sie handelt schnell und sorgt dafür, dass man sie anschließend in der Cafeteria sieht, auf der Toilette und vor dem schwarzen Brett, wo sie die Anzeigen für Sprachtandems studiert; sie hat sich auch für die Sprechstunde der Vertrauenslehrerin angemeldet, unter dem Vorwand, dass sie im nächsten Jahr schon wieder die Schule verlässt und nicht weiß, wie sie mit so viel Wechsel fertigwerden soll. Niemand misstraut einer armen Halbwaise, die um Hilfe bittet, sich nicht an eine neue Umgebung gewöhnen kann und bekennt, sie wolle nicht zu einer Problemschülerin werden. In der nächsten Unterrichtsstunde, als der Lehrer die heutige Lektion aufschlagen lässt, findet Daniel eine ausgebreitete Monatsbinde auf der Seite, die ausgeklappten Flügel überdecken die Bilder, beim Versuch, sie abzulösen, würde die Seite reißen. Nicht nur er merkt es, auch sein Nachbar, das Mädchen hinter ihm – wir kennen sie bereits, eine der Außenseiterinnen: Alicia ist ihre Existenz so einerlei, dass sie keine Energien an sie verschwenden will –, Alicia, die bereut, die Monatsbinde nicht vorher benutzt zu haben, obwohl Effekthascherei nicht zu ihr passt. Der Junge neben Daniel windet sich, Alicia sieht, wie er sich die Fingernägel in die Unterarme bohrt, um nicht laut loszulachen. Daniel wird lange brauchen, bis er ihm wieder in die Augen sehen kann, wenn überhaupt. Alicia wird es nicht miterleben, denn da hat man sie bereits im Veranstaltungssaal der

Schule am Knöchel aufgehängt, und das restliche Schuljahr wird sie zu Hause bleiben.

Also Angriff oder Verteidigung: Schließen die Mitschüler sie von einem Treffen aus, reagiert sie zornig. Alicia nimmt natürlich nicht an den Landausflügen teil, nicht an den Theaterbesuchen mit Schülerermäßigung, denn sie hat nichts mit ihnen gemein und weiß auch nicht, ob sie es sich leisten kann – die ganze Klasse trägt die Kleidung, die ihre Mutter ihr früher immer gekauft hatte –, und sie ahnt, dass vor allem dies den Unterschied ausmacht: Sie wird nicht zu Geburtstagspartys eingeladen, soll nicht ins Kino mitkommen, weil sie wissen, dass sie kein Geld hat. Über sie weiß niemand etwas, doch sehr wohl über abgewetzte Hosen und Leute, die auf den Bus in ein anderes Viertel warten. Wie furchtbar, so arm, die Arme, aber Alicia wünscht sich gerade, dass sie mit ihr rechnen, sie wünscht sich, dass eine Mitschülerin auf sie zugeht und ihr begeistert erzählt, sie wollten am Samstagabend in die Teen Disco, um sechs, ob sie mitkomme. Alicia sehnt sich danach, eine überlegene Miene aufzusetzen, das Gesicht zu verziehen und zu antworten, nein, ich verschwende doch meine Zeit nicht mit dir. Zur Krönung vielleicht ein Lachen, sich dann wieder ihrer Beschäftigung zuwenden, die Hefte in den Ranzen stecken, das Federmäppchen schließen. Sie will wenigstens die Chance, sie zurückzuweisen. Da niemand sie ihr gibt, wird sie sich irgendwie bemerkbar machen, ein Körper, ganz hinten an der Wand des überfüllten Klassenzimmers, so weit vom Lehrerpult entfernt, dass das Handheben einmal nicht reiche und sie sich lauthals zu Wort meldete. Ein Murmeln in den ersten Reihen, jemand sagt, he, he, so läuft's wohl, wo du herkommst, hier nicht. Der Lehrer greift ein und entschuldigt Alicia, von hier aus sehe ich die da hinten schlecht, was willst du wissen. Alicia ergeht sich in einer allzu offensichtlichen Frage, die jemand mit ihrer Intelligenz allein hätte beantworten können, doch eigentlich suchen ihre Augen den, der nicht in ihre Richtung blickt, überzeugt, dass die Bemerkung von ihm kommt.

Im Grunde empfindet sie Stolz: auf das, was sie in ihren Mitschülern ausgelöst hat, auf die Art ihrer Reaktion. War sie so schlimm zu ihnen gewesen? Sie hatten alles berechnet, Höhe, Gewicht, Zeitfenster: Prüfung bestanden. Wenn sie daran denkt, wenn sie in zehn, zwanzig Jahren daran zurückdenkt, werden ihr zwei Möglichkeiten bleiben: Verdrängung oder Wahrheit. Sich dumm stellen, wie bei den Fragen der Lehrer: Ich habe die nicht gekannt, die das getan haben, ich weiß nicht, wann, ich weiß nicht, warum sie es getan haben. Doch nun die Wahrheit: vier Leute. Handeln sie auf eigene Faust, als kleiner Schlägertrupp, oder repräsentieren sie die ganze Klasse, die in einer Versammlung beschließt, wie man Alicia am besten für den Rest des Schuljahrs zum Schweigen bringt? Mario – ihr erstes direktes Zusammentreffen: er spricht viel mit Marina, die mit der Ratte und dem Filialleitervater – hatte sie am Haar gepackt, und Alicia verspürte Genugtuung: Am liebsten wäre ihr eine Skandalszene gewesen, die die Karmelitinnenklasse mit den Schülern der öffentlichen Schule und ihrem betonierten Hof gleichgestellt hätte. Sie überfielen sie von hinten. Im Eingangsflur ballten sich Jungs und Mädchen, Mäntel und Daunenjacken, Ranzen in solcher Zahl, dass man nur weitergehen konnte, nicht umkehren. Sie machen es ihr schwer. Sie geht weiter, denn die Anspannung ist ihr lieber als der physische Schmerz, den sie nicht gut erträgt. Mario zieht sie am Pferdeschwanz, sie wehrt sich und reißt den Kopf nach vorn, er schiebt sie voran, seine Hand in ihrem Rücken. Alicia geht in Richtung Lehrerzimmer, Büros und Veranstaltungssaal, im Vertrauen, dass ein Erwachsener erkennt, dass mehrere Hände eine Mitschülerin vor sich herschubsen. Sie müssten keine Gewalt anwenden – sie sind vier gegen eine –, aber sie begreift, dass Mario den Schmerz genießt, den er ihr bereitet. Da hört Alicia: Sieh an, sie geht schön brav allein. Mario verringert den Druck der linken Hand, die am Haar zieht, und verstärkt den der rechten, die fest gegen den Rücken drückt. Also haben sie einen Plan, denkt Alicia; denkt auch, dass die Sache interessant zu werden verspricht. Sie fragt, wohin, und er antwortet, in den Saal, den Veranstaltungssaal. Natürlich verbindet sie die Stimme – immer dieselbe – mit einem Gesicht, einem Namen, einem Körper; es interessiert sie nicht, was die anderen zu sagen haben, aber im Unterricht lauscht sie aufmerksam, vielleicht kann sie ein Detail gebrauchen. Susana, geschwungener Lidstrich, Bestnote in Sport, Bücher sind nicht ihr Ding. Alicia weiß nicht mehr, ob sie ihr etwas getan hat: Alicia Susana, versteht sich. Bei der simplen Susana überrascht es sie, dass sie sich darauf eingelassen hat, was es auch sein mag. Jemand – eine andere Stimme: Sarita, Alicia hatte sich über sie lustig gemacht, als ihr an der Tafel mehrere Rechtschreibfehler unterlaufen waren, halb tot vor Scham war sie an ihren Platz zurückgekehrt, meldete sich nie wieder freiwillig – verkündet: offen, er ist offen; der Betreuungslehrer hatte am ersten Tag erklärt, die Tür schließe nicht richtig, sie sei aufgequollen, deshalb lässt sie sich manchmal schwer öffnen, einige Vorträge wurden deshalb schon abgesagt. Eine vierte Stimme – hallo, Daniel: auf dich habe ich gewartet – treibt sie an, schnell, schnell: Man könne sie entdecken, wenn eine Klasse gleich morgens dort Unterricht habe. Susana bindet ihr nun die Hände mit einem Hanfseil zusammen. Alicia lässt es geschehen, neugierig. Sie blickt von einem zum anderen: Alle wirken sie gleich, dunkles, langes Haar bei den Mädchen, kurzes Haar bei den Jungs, mit Gel nach oben gekämmt. Sie könnte ihre Gesichter und Identitäten vertauschen, und niemand würde merken, dass der Junge, der sich zum Mittagessen an den Tisch setzt, ein anderer ist als der, der morgens in die Schule gegangen ist. Das richtige Seil habe ich im Ranzen, sagt Mario. Los, hoch mit dir. Alicia denkt, wer da auf den anderen klettert, um das Seil am Balken zu befestigen, muss schlank und gelenkig sein: womöglich Sarita, denn zum Glück ist der Saal niedrig, die Geistlichen haben an Ausgaben gespart, im selben Raum zwei Stockwerke untergebracht und sich die hohen Decken versagt. Wirklich? Hört hier wirklich ihr Leben auf – im Veranstaltungssaal der Schule, vor einem Bild, auf dem San Juan de la Cruz vom Blitz erleuchtet wird, von Gott höchstselbst –, erhängt von Mario, Susana, Sarita und Daniel? Nun, es gibt Schlimmeres, denkt sie, während man sie dreht. Das verblüfft sie nun doch: als sie ihr das Seil nicht um den Hals, sondern um den rechten Knöchel binden.

Alicia sagt, sie erinnere sich nicht, weil sie sich nicht erinnert, und Alicia sagt, sie wisse es nicht, weil sie es nicht weiß. Das heißt: nicht, dass sie sich nicht erinnerte oder es nicht wüsste, sondern ihre Zeit ist zu wertvoll, um sie mit Erklärungen über das Geschehene zu verschwenden. Der Direktor fragt und rückt an seinem Priesterkragen, aber Alicia bleibt fest; ein Geistlicher fragt und noch einer und noch einer, Geistliche, die ihr nie auf den Gängen begegnet sind, die sie nie beim Gottesdienst gehört hat – oft zwingt man sie, zur Messe zu gehen, an manchen Sonntagen müssen Eva und sie mit dem Bus hin und zurück, um die heilige Kommunion zu empfangen –, doch Alicia bleibt dabei, dass sie sich nicht erinnert und dass sie es nicht weiß. Einer nimmt sie in Schutz, das sei die Angst, sie sollten keinen Druck auf sie ausüben, ihre Mitschüler zu verraten, der Schreck – der

Schreck!, wird Alicia abends zu Hause wiederholen und das Lachen unterdrücken – habe gewiss ihr Gedächtnis blockiert. Wer weiß, was für Schrecken sie hat erleiden müssen, erklärt er den anderen, nach dieser furchtbaren Erfahrung in ihrer Vergangenheit; was für Prüfungen setzt uns unser Herrgott aus, damit wir seiner würdig sind, nicht wahr? Alicia antwortet, natürlich, ja, das stimmt, und sie begreift, dass man ihr unbewusst die perfekte Ausrede geliefert hat. Wenn ich sie verrate, Pater, wie soll ich mich dann wieder in die Schule trauen? Als sie schließlich kopfüber am Balken im Veranstaltungssaal hing, hörte Alicia, wie ihre Mitschüler sich davonmachten, Mario, Susana, Sarita, Daniel, dem das Ganze eingefallen war, der die anderen zusammengetrommelt hatte. Sie nahmen ihre Ranzen, vergewisserten sich, dass sie keinen Schlüsselbund, kein Federmäppchen zurückließen, das sie verraten könnte; jemand – sie sah es nicht: man hatte sie mit Blick zur Bühne aufgehängt – hatte sich die Mühe gemacht, ihren Mantel zusammenzufalten und über Alicias Ranzen zu legen, damit ihn keiner klaute. Diese Geste – dachte sie später – rührte sie: ihr Schaden zufügen, aber in Grenzen. Sie bekamen die Tür kaum auf, die sie zugedrückt hatten, damit sie niemand überraschte. Als sie sie zuschlagen hörte, schloss sie die Augen, wartete geduldig, dass sie jemand fand und abhängte. Mehrere Stunden vergingen – sie hätte schwören können, dass sie kurz eingeschlafen war –, bis eine Lehrerin sich vor einer Rednerin, die sie bewunderte, professionell geben wollte und ihre Pause dazu nutzte, Stühle im Saal aufzustellen, die Bühne mit Blumen zu schmücken und Alicias Körper am Seil zu entdecken.

Vorher, als Mario, Susana, Sarita und Daniel einander Anweisungen gaben, was zu tun war, hatte Alicia sie unterbrochen:

»Mein Vater hat sich erhängt. Am Hals. Wenn ihr euch
wirklich über mich lustig machen wollt, habt ihr dieses Detail vergessen. Nur zu.«

Sie hörten sie nicht oder taten so. Sie lachten. Schwiegen.
Prahlten damit, wie sehr es die anderen beeindrucken würde. War alles nur deswegen? Erzählen sie heute, Jahre später,
davon beim Kaffee mit Freunden? Ist ihnen Alicia im Gedächtnis geblieben?

## DAS GEFECHT
Madrid, 1982

Da, nimm, María, ein Bier. Warum? Worauf stoßen wir an?
Aber wer hat denn Bier bestellt? Bier am heutigen Tag; wenn
schon, hätte man ein Glas Wein bestellen müssen. Oder
Champagner, wie die Franzosen! Von da drüben kommen
die ja alle! Drei Bier! Mit wem hab ich mich hier zusammengetan? Ich geh gleich nach Hause und heule! Worauf wir anstoßen? Auf das, was kommt. Vertraust du etwa jemandem,
der in der schlimmsten Zeit Reißaus genommen hat? Ein
Bier, noch ein Bier, ein großes, das beim Anstoßen mit den
kleinen Gläsern überschwappt – nur ein paar Tropfen –, in
der Hand eines anderen ein Glas Wein, jemand schwenkt
eine Limonade. Das bringt Unglück! Wer hat da Most bestellt? Wir feiern hier, verdammt, das ist keine Beerdigung.
Most. Wie alt bist du? Lässt dich deine Mama schon allein
auf die Straße, Kleine? Gibt's denn so was, Unglück übers
Land bringen. Soll ich dir noch eins bestellen? Noch einen
Toast! Auf uns! Wo bleibt die Solidarität? Auf uns und alle
anderen! Auf uns und die Genossen, die heute nicht kom-

men konnten! Auf das Mädchen hinter der Theke! Vor allem auf das Mädchen hinter der Theke! Glas gegen Glas gegen Glas, eine Hand – Flaum auf den Fingergliedern, weiß der Rand der Nägel, fast wie neu das Lederarmband der Uhr – schließt sich am Nebentisch dem Toast an, vor der Theke vermischen sich Freunde mit Unbekannten. María führt ihren Zahnstocher – man hat ihnen keine Gabeln gegeben – zu einem Teller mit Kroketten, weiß, dass er zu einer Gruppe schnurrbärtiger Männer gehört, die einander gleichen, Haar, Bart und Jacken zum Verwechseln ähnlich; sie spießt eine Krokette auf, dann noch eine und noch eine, bis die Gabel von einem der Männer auf den blanken Teller stößt und sein Blick auf sie fällt, kauend.

»Ha, eine Diebin haben wir hier!«

María stößt ein nervöses Lachen aus, den Mund noch voll Bechamelsauce und Fleischresten, der Mann sieht sie an und lacht ebenfalls, mit ihr. Seine Reaktion ist galant. Er verbeugt sich theatralisch vor María, küsst ihr die Hand – in ihrer geschlossenen Faust noch immer der Zahnstocher, sein Speichel auf ihrem Handrücken –, bestellt bei der Kellnerin noch eine Runde Kroketten, nur für die Señorita. María antwortet, nein, nein, wie peinlich, sie bezahle auf jeden Fall die Bestellung; in der Bar riecht es nach Essiggurken, nach Schweiß und Zigaretten. Die Männer am Tisch mit den Kroketten rauchen; alle mustern sie nun, Marías Körper den Freunden zugewandt, ihr Gesicht dieser Gruppe. Sie dreht sich ganz zu ihnen, als verlangten sie Aufmerksamkeit von ihr. Sie fordern nichts dergleichen, haben kaum mit ihr geredet, aber sie hat das seltsame Gefühl, ihnen Aufmerksamkeit zu schulden. Dabei war es gar kein Irrtum gewesen oder nur bei der ersten Krokette, sie hatte gedacht, Pedro habe sie bestellt, aber nicht bei der zweiten, da war ihr bereits klar gewesen, dass die Männer nebenan – Hände ohne

Schrammen, die Fingernägel ordentlich geschnitten – von diesem Teller aßen. Und sie hatte es gewagt, noch eine aufzuspießen, zwei weitere, mit dem Gedanken, dass sie so auf seltsame Weise für ausgleichende Gerechtigkeit sorgte.

»Na komm. Stoß auch mit uns an.«

María mustert den Mann, der da spricht: das schwarze Haar, kraus und üppig im Kontrast zum kümmerlichen Schnurrbart, wie gewaltsam hervorgetrieben, ein paar Härchen auf der einen, ein paar auf der anderen Seite. Auch der Weg seines Blickes fällt ihr auf. Der Mann inspiziert ihr Gesicht, ihren Körper, sieht sich ihre Hände an. Er wird auf die rissige Haut stoßen, die die unlackierten Fingernägel säumt, sucht vermutlich nach einem Ring. María hat das schon öfter erlebt und weiß, wie es endet, also lächelt sie und wendet sich wieder ihren Freunden zu. Sie fasst Pedro um die Hüfte und küsst ihn auf die Wange. Sie hört hinter sich das Durcheinander der Männerstimmen, vielleicht ein Kommentar über sie, den sie nicht versteht. Da, nimm, María, ein Bier. Dein Bierglas war leer, du wolltest doch noch eins, oder? Heute wird gefeiert. Ein ganz besonderer Tag! Das sagt jeder der Freunde, mit denen sie sich in einem Viertel getroffen haben, das sie kaum kennen. Einige arbeiten in der Nähe und kommen in aller Frühe oder spätabends hier vorbei, andere kennen es nur von einem freien Tag im Stadtzentrum, wie Touristen in der eigenen Stadt. Sie weiß nicht mehr, wer es bei der letzten Versammlung vorgeschlagen hatte: Wenn sie gewinnen, feiern wir am Freitag, nicht wahr? Nicht am selben Tag, man muss ja arbeiten, aber am Freitag, unbedingt. In einer Bar gleich beim Büro, denn der Chef hat uns heute Überstunden aufgebrummt, der Monatsabschluss. Nun jammere nicht, Herr Minister, du ziehst als Einziger von uns tagtäglich ein Hemd an! Noch einen Toast? Auf uns, natürlich! María ist mitgekommen, weil Pedro sie darum gebeten hat, sonst würden sie sich erst wieder nächste Woche sehen; außerdem kommt sie zu allen Treffen der Gruppe, und wenn sie bei der Bürgerinitiative jemanden brauchen, der bei ihren Tagungen kocht oder nach einem Umtrunk putzt, bietet sie sich immer an. Einige hatten ihre Probleme damit, sie wollten lieber ohne Frauen und Kinder sein, aber jemand fragte, wer denn abwaschen solle, wenn nicht sie es tue, und sie waren einverstanden. Wenn du in einem Zug austrinkst, spendiere ich noch eine Runde für alle. Wie kann man nur ein Glas Wein bestellen? Was hast du denn geerbt, Kleiner? Die Markgrafschaft zum Malerpinsel? Nein, ich bin der Herzog von der flinken Brechstange.

Keiner von ihnen ist aktives Mitglied einer Partei, auch wenn manche gern denken, sie machten Politik, auf ihre Art; andere genießen einfach die Unterhaltung, sie gibt ihnen das Gefühl, dass sie noch zu etwas anderem taugen als für den Bau. Das hatte Pedro in einer triumphierenden Rede verkündet, eines Mittags, vor Reis und Gemüse: Denkt an den Tag, an dem sie alle, Bosse und Oberbosse, merken, dass wir auf eigene Faust denken. Die einen haben PSOE gewählt, die anderen die Kommunisten, Pedro, sie selbst, vielleicht der eine oder andere Genosse, nach der bitteren Miene zu schließen, mit der sich ihre Blicke beim Toast getroffen haben, oder nach ihren deutlichen Zweifeln an Felipe González' Wahlprogramm, die sie letzte Woche in der Bar angemeldet hatten. María ist sich im Klaren darüber, dass sie nicht gewonnen haben, das hat sie Pedro gestern Abend gesagt, am Telefon, aber sie tröstet sich mit dem Glück von Pedros Freunden, nicht die ihren. Sie weiß gar nicht, wann sie sich zum ersten Mal begegnet sind, erinnert sich natürlich, wann sie Pedro wirklich kennengelernt hat, aber nicht an das erste Treffen, bei dem er dabei gewesen war, nachdem sie sich der Gruppe angeschlossen hatte. Einige gehörten zu einer Pfarreigruppe, die sich aufgelöst hatte, als der Pfarrer wechselte. Pedro hatte sich der Bürgerinitiative angeschlossen, weil er auf Suche nach Unterstützung für seine Probleme zu Hause war. Schließlich begleitete ihn María zu den Treffen, denn sie fragte ihn ständig danach, und der Nachbar oben kam ebenfalls mit, er hatte geholfen, die Zahlungen an seinen Bruder zu beantragen, und konnte bei den Formularen unter die Arme greifen.

Die Männer haben sich mit Marías Anwesenheit abgefunden, behandeln sie jedoch als Pedros Anhang. Die Gruppe hatte es sich angewöhnt, ihre Treffen in der Bar um die Ecke fortzuführen, und dort sprangen sie zu anderen Themen: Ausbessern des Pflasters in dieser oder jener Straße, Freiwillige für das Ausfüllen der Formulare für Witwen-, Waisen- und Behindertenrente, lies unbedingt dieses Buch, sieh diesen Film, hör diese Platte. Wenn sie stumm eine Rüge ihres Chefs schluckten, um ihren Job nicht zu verlieren, wie sollten sie da Trost in der Fiktion finden? Bei manchen funktionierte es, andere kamen sich wie Schwindler vor, wieder andere ließen es an sich abgleiten und simulierten Begeisterung, damit sie sich nicht blamierten. Manche dachten auch, dass sie all das nur vom wirklichen Kampf ablenkte, und wollten unbedingt den entscheidenen Schritt wagen: aktiv werden, sich gewerkschaftlich organisieren, die Welt wirklich verändern.

Einige kehrten ins Viertel zurück, und nur vier blieben an dem Abend übrig: Alfonso, Víctor, Pedro, María ebenfalls. Víctor war mit dem Schrei »was für eine Nacht!« in die Bar geplatzt, und Pedro empfing ihn mit einem großen Bier. Seine Lippen färbten sich vom Schaum. Víctor stieß immer später hinzu, und María glaubte inzwischen, dass er es auf einen triumphalen, effektvollen Auftritt anlegte. Er war der Jüngste von allen, der Naivste, auch der Größte. Inzwischen machten sie sich nicht mehr über ihn lustig, denn er glaubte alles aufs Wort. Seine Eltern waren in den Fünfzigern ins Viertel gezogen, aus einem Dorf in der Extremadura, und er war bereits in Carabanchel zur Welt gekommen; bei den Treffen verschaffte ihm das einen Vorteil vor den anderen. Durch diese Straßen war er als Kind getollt, dachten alle, wer wagte es also, ihm vorzuschreiben, was er tun und wie er sich betragen sollte.

»Stell dir vor. Eine linke Regierung, sozialistisch, in unserer Demokratie. Mit absoluter Mehrheit. Von den Arbeitern gewählt. Davon wird man eines Tages erzählen, glaubst du nicht?«

»Víctor, willkommen in der Wirklichkeit. Tock, tock!« Alfonso tut so, als klopfte er mit den Fingerknöcheln gegen den Kopf des Freundes. »Ist da jemand? Lies die Zeitung. Da steht: 29. Oktober 1982. Sie erzählen bereits davon. Die Zeitungen, die Radiosender. Nirgendwo ist von was anderem die Rede.«

»Mensch, die Nachrichten haben wir doch übermorgen vergessen, aber die Bücher und Filme werden es unseren Kindern erzählen, unseren Enkeln, so erfahren wir ja auch heute, was geschehen ist.«

»Und wer soll davon erzählen, Víctor? Du und ich, wir kommen gerade von der Arbeit, sonntags haben wir frei, aber dich nimmt dann die Familie in Beschlag, Alfonso fährt zu den Schwiegereltern aufs Dorf, und ich habe genug am Hals. Wann sollten wir uns hinsetzen und unsere Geschichte erzählen? Könnten wir das überhaupt? Du weißt, ich tue mir schwer beim Schreiben. Ich habe keine Zeit dazu und kann's nicht richtig. Juan José musste mir helfen, den Antrag für meinen Bruder zu schreiben ...«

»Glaubst du wirklich, es interessiert jemanden, was du zu sagen hast, Pedro? Die interessiert bloß, was sie selbst zu sagen haben. Den, den und den: die auf dem Foto in der Zeitung. Vergiss es, die sind nicht wie wir. Zunächst mal haben die studiert. Wie viele studierte Leute in unserem Alter kennst du? Und komm mir nicht mit dem Lehrgang von Víctors Frau. Ich meine ein echtes Studium, an der Universität, all die Jahre und Fächer, und ihre Familien kommen für alles auf. Wie viele Studierte in unserem Alter kennst du, außer deine Chefs? Nicht mal Juan José, stell dir vor, nicht einmal den behandeln sie im Büro wie seine Kollegen. Die hier, die in der Zeitung, das sind unsere Chefs.«

»Das heißt, sie gehören nicht zu uns, Alfonso. Das sind unsere Feinde.«

»Das sollen unsere Chefs sein, Pedro? Die kämpfen für das Gleiche, wofür wir kämpfen. Dass meine Arbeit angemessen bezahlt wird, dass man mir keine Überstunden aufzwingt, dass meine Kinder die gleiche Erziehung bekommen wie alle anderen. Wir müssen ihnen einen Vertrauensvorschuss geben.«

»Was du gesagt hast, Víctor, dass jemand in ein paar Jahren davon erzählen soll; wenn ich's mir recht überlege: Es wird sie interessieren, was hier auf dem Foto passiert, nicht wahr? Und was mit denen geschieht. Aber ich glaube nicht, dass sich jemand dafür interessiert, was wir hier in der Bar bereden. Wenn doch, wie soll's erzählt werden? Übernehmen das deine Kinder, deine Enkel? Erinnerst du dich an das Buch, über das wir letztes Jahr gesprochen haben? Das über den guten Wilden. Ein armer, unwissender Arbeiter, gutherzig, hungrig. Alle austauschbar, einerlei, woher wir kommen oder wie unsere Lebensgeschichte aussieht. Meine Rolle ist die gleiche wie deine. Etwa nicht?«

»Hör mal, Pedro, ich verstehe nicht recht, worauf du hinauswillst. Dass meine Kinder nicht sein werden wie ich?«

»So ungefähr. Wenn sie studieren, wenn sie auf die Universität gehen, werden sie andere sein. Wenn sie das Viertel verlassen, wenn sie eine bessere Arbeit haben, wird ihr Leben ein anderes sein. Glaubst du nicht, Víctor? Deine Frau, die ihr Dorf verlassen hat, auch wenn ihr es ab und an besucht, ist die noch so wie die Frauen, die dortgeblieben sind? Wie redet sie heute über sie?«

»Scheiße, Pedro. Es ist Freitagnacht. Kannst du nicht einfach bloß trinken? Natürlich ist meine Frau nicht wie ihre Cousinen. Meine Frau ist hergezogen. Das ist etwas anderes.«

»Ganz genau: Wer schreibt in den Zeitungen? Wer spricht im Parlament? Wenn das so ist, werden wir dieselben Wörter benutzen wie unsere Feinde.«

»Noch mal ... Glaubst du das wirklich? Die Nachricht hier lese und verstehe ich: Felipe González Márquez, vierzig Jahre alt, der voraussichtlich der neue Präsident der spanischen Regierung sein wird, hat heute früh in der ersten Ansprache an die Nation nach seinem Sieg gesagt ... Also, welches Wort ist da unverständlich, auch wenn du nicht studiert hast und in einer Eisenwarenhandlung arbeitest. Dafür verstehe ich oft die Bücher nicht, über die ihr auf den Treffen sprecht. Du leihst sie mir, ich blättere im Bus darin, aber ich verstehe sie nicht. In welcher Sprache sind die geschrieben? Was wollen sie sagen? Man soll mir die Hände von denen zeigen, die sie geschrieben haben. Haben die je mit ihnen gearbeitet? Ich meine Arbeit, nicht zum Stift greifen oder in eine Schreibmaschine hämmern. Ich weiß nicht, was die Sprache des Feindes sein soll, wenn nicht mal meine eigenen Leute wollen, dass ich mitbekomme, wofür sie eintreten ...«

»Und wer sind die Feinde? Die da auf der Titelseite? Komm, María. Du musst eingreifen, Pedro schnappt uns noch ein. Ein bisschen Sportsgeist, Mann.«

Bis zu dem Moment hat María das Gespräch schweigend verfolgt. Ein Schluck Bier, eine Scheibe Wurst zwischen zwei Brothälften, sie beschäftigt sich mit essen und trinken, während sie zuhört. Sie weiß nicht, ob sie das Wort ergreifen soll, ja weiß eigentlich, dass sie nicht reden sollte. Lieber vermeidet sie es, Pedros Unbehagen und die Verblüffung der anderen zu erregen; sie darf ihn begleiten und muss nicht zu Hause hocken, das ist schon viel. Wie immer zieht María das Schweigen vor; sie geht zu Treffen und Versammlungen, notiert die Titel der erwähnten Bücher, besorgt sie sich, liest sie und schreibt anschließend die Gedanken in Hefte, die sie im Wohnzimmerregal aufbewahrt, nie meldet sie sich zu Wort. Zu Hause ist es anders: Mit Pedro diskutiert sie über Politik, nicht so sehr über das, was gerade passiert, sondern was später passieren wird. Sie denkt daran, dass sie eine Tochter hat. Wie wird das Leben ihrer Tochter aussehen? Wie wird es ihrer Tochter ergehen, wenn sie so alt ist wie sie jetzt? Bei ihren Beispielen nennt sie jedoch lieber die Kinder anderer: Was für ein Leben werden einmal Alfonsos Kinder führen, Víctors Kinder? Werden sie sich Gedanken darüber machen, wie sie die Raten der Hypothek bezahlen, ja sogar ein Bier freitagabends in der Bar? Darüber, wie ihre Geschichte erzählt werden soll? Wenn Pedro diese Ideen – nicht seine, sondern die von ihr dargestellten – vor seinen Freunden ausführt und merkt, wie sehr sie ihn respektieren, kommt Stolz in María auf, sie nimmt es als eine Art Anerkennung für ihre Gedanken, auch wenn niemand weiß, dass es ihre sind.

»Er ist nicht ganz so begeistert. Du musst ihn verstehen ... Pedro traut dem Ganzen noch nicht recht.«

Sie blickt sich um. Die Diskussion geht weiter, ist für sie – nach ihrer Wortmeldung – zu einem Hintergrundgeräusch geworden. In der ganzen Bar zählt sie drei Frauen:

eine zwischen Küche und Theke, etwas über fünfzig, Flecken auf der Schürze, sie vermutet, die Frau des Inhabers; ein junges Mädchen, das an einem Tisch mit einer Gruppe Jungs im selben Alter sitzt – etwas über zwanzig, Studenten, die einen Happen essen, bevor sie auf eine Party gehen – ; und sie selbst, dreiunddreißig, die heute ihre Stunden Schlaf geopfert hat, um mitzufeiern. Auch in der Bürgerinitiative im Viertel gibt es kaum Frauen, denkt sie, und fast alle kommen zu den Treffen – sie selbst mit Pedro – als Begleitung eines Mannes und tun niemals den Mund auf. Was sie Pedro sagt, das beredet sie auch mit anderen Frauen, mit jeder einzeln, manchmal auch mit zwei: nie mit zu vielen auf einmal, immer in einem Wohnzimmer, während das Baby weint oder ein kleines Mädchen auf dem Boden spielt. Sie denkt dabei an ihre ersten Versammlungen, nachdem sie Pedro kennengelernt hatte, damals arbeitete er noch in der Fabrik bei dem Mann ihrer Cousine; eines Sonntags hatte sie ihn über die Solidarität unter den Arbeitern reden hören. Von da an sorgte sie dafür, in seiner Nähe zu sitzen.

Was unter diesen Frauen vorgeht, soll niemand wissen. Der Feind ist für sie der Chef: der mehr Geld, mehr Macht hat, der ihre Schicht ändert, ohne sie zu fragen, der sie von oben herab behandelt. Der Feind ist der Chef, ist die Frau des Chefs und die Tochter des Chefs. Aber der Feind ist auch, wie einmal Loli bemerkt hatte, der Mann, der mit ihnen schläft. Da tarnen wir uns vor der Welt, erklärte sie ihnen, als Kaffeekränzchen, bei dem wir über Prominentenhochzeiten schwatzen, weil unsere Männer es nicht ertragen könnten, uns zu hören: Sie wären die Ersten, die es uns verbieten würden. Conchitas jüngste Tochter hob ihnen die Flugblätter von der Uni auf: Scheidung, Abtreibung, Feminismus. Wie viele Kinder hast du zur Welt gebracht, Loli?

Hättest du nicht lieber auf eine der Schwangerschaften verzichtet? Sag, Conchita, willst du wirklich erst leben, wie es dir gefällt, wenn dein Mann tot ist? Weil du, die du stärker und intelligenter bist als er, zu Hause bleiben und deine Kinder aufziehen musstest und dir nicht deinen Lebensunterhalt verdient hast? Und nimm Irene, die hat im Dorf auf dem Feld gearbeitet – ein paar Narben, nicht alle von der Hacke, deren Benutzung sie von ihrem Bruder lernen musste, hinter dem Rücken des Vaters –, und in der Stadt hockt sie zu Hause, und nach einer Trennung könnte sie sich nicht über Wasser halten. Sie haben versucht, ihr zu helfen, wissen aber nicht, wie. Bei keiner ist Platz für eine alleinstehende Frau mit Kindern, und nicht einmal die Ersparnisse von allen zusammen würden für eine kleine Wohnung reichen oder für einen Scheidungsanwalt, und auch wenn sie es nicht laut sagen, sie wagen es nicht – und das beschämt María –, der Wut des Mannes ausgesetzt zu sein, von dem ihnen Irene so viel erzählt hat. Über María reden sie weniger, denn sie gibt nicht viel preis. Die Frauen wohnen in derselben Straße und reden über all das. Conchitas Tochter erklärt ihnen sanft, was sie nicht verstehen, manchmal passt María auf Lolis Kinder auf, wenn sie ein Geräusch drüben in der Wohnung hört – Tür an Tür –, alle kümmern sich – so gut sie können – um Irene, die am schweigsamsten ist. Niemand weiß wirklich, was für ein Krieg in den Wohnzimmern stattfindet. Denkt an den Tag – verkündet María an einem Samstagnachmittag, ihre Männer sind noch außer Hauses, und gießt etwas Milch in ihren Kaffee –, an dem sie merken, dass wir auf eigene Faust denken.

»Seht uns nur an«, meldet sich Marías Stimme, »gestern konnten wir nicht zur Calle Mayor oder zu San Jerónimo gehen, weil wir heute arbeiten mussten. Und jetzt trinken wir nicht etwa ein paar Bier in Mateos Bar im Viertel, sondern sind hierhergekommen, weshalb eigentlich, weiß ich nicht recht. Was wollen wir? Uns als das aufspielen, was wir nicht sind? Die Gruppe da, die sind gekleidet wie wir, aber es sind Anwälte. Man hat ihnen ein Studium bezahlt. Sie leben in schönen Wohnungen, gleich in der Nähe. Die da drüben, Studenten. Was hast du mit neunzehn gemacht, Víctor? Und du, Alfonso? Pedro? Freitagnachmittags Bier mit Freunden getrunken? Im Café Karten gespielt? Ich habe den Mund nicht aufgemacht und mal bei den einen den Dreck weggeputzt, mal bei den anderen, egal, wo, bei wem. Also? Stoßen wir auf die Zukunft an?«

Das geschieht natürlich nicht laut. Das geschieht in Marías Gedanken, aber dann schweigt sie doch, nimmt einen Schluck und wirft einen Blick auf die Speisekarte. Pedro fragt, ob sie noch Hunger habe, denn sie wollten in eine andere Bar, mehr Musik, weniger Licht. Willst du nach Hause, María? Vielleicht ist dir das lieber. Sie schüttelt den Kopf, nein zu allem: Sie hat keinen Hunger, will nicht nach Hause. Sie bezahlen, sie verabschiedet sich – sucht seinen Blick, hebt das Kinn – vom Besitzer des Kroketten-Tellers, und sie ziehen weiter.

»Ich mag deine Hose.«

Sie begreift, dass der Frau ihre Hose gefällt, doch María trägt Strumpfhosen. Es ist die dritte Bar des Abends – die vierte, wenn sie die mit den Tellerchen und dem Bier zur Tour hinzurechnet –, und María glaubt, sie hat zu viel getrunken. Bald wird sie Pedro überreden müssen, ins Viertel zurückzukehren, schnell duschen, sich umziehen. Morgen – heute bereits – wird sie mit Kopfschmerzen zur Arbeit gehen, aber sie tröstet sich damit, dass sie am Nachmittag ausruhen kann und sonntags frei hat, auch wenn Pedro vielleicht nach dem Mittagessen bei ihr vorbeisehen will.

Als sie sich dem Freitagstreffen anschloss, hatte sie all das im Grunde einberechnet: eine außergewöhnliche Nacht in einem Viertel, das sie, wie ihr scheint, noch nie betreten hat, seit sie nach Madrid gezogen ist, sie kannte es nur aus der Zeitung. Da ist sie nun, in den dicken schwarzen Strumpfhosen und dem Hemd mit den Schulterpolstern, so lang, dass sie es mit einem Kleid verwechselt hatte, in dieser Bar, in der alle Welt vier, fünf Meter größer ist als sie.

»Hör mal, deine Hose gefällt mir.«

»Das ist keine Hose. Das sind Strumpfhosen.«

»Und zeigst du auf der Straße deinen Hintern, braves Mädchen?«

Sie erklärt geduldig, nein, auf der Straße trägt sie einen langen Mantel, bis über die Knie; und die Strumpfhosen sind schwarz – sieht man mit bloßem Auge, fügt sie spöttisch hinzu –, und das Hemd bedeckt den halben Oberschenkel. Sie übersetzt in Worte, was die Frau sehen würde, wenn sie sich die Mühe machte, sie zu betrachten. María mustert sie sehr wohl: das Kleid so kurz, dass die Unterwäsche hervorsieht, der Stoff glänzend – nicht mal an Silvester würde ich mich trauen, denkt María, so einen Stoff zu tragen –, riesige Ohrringe in Form einer Ananas, Schminke, gewiss Neon, das sieht man selbst im spärlichen Toilettenlicht. María hat sich kaum geschminkt, etwas Wimperntusche und Lippenstift, erst in der zweiten Bar. So viel hat sie wohl nicht getrunken, wenn sie die Frau so deutlich beschreiben kann; oder vielleicht hat sie doch viel getrunken, hält aber einiges aus. Das sagen die da draußen: María bechert wie ein Mann.

In der Frauentoilette gibt es nur eine Kabine. Vor einer Weile schon ist eine junge Frau herausgekommen und eine andere hineingegangen, die sich Zeit lässt und eine kleine Warteschlange verursacht: die Frau und María in der Toilette, vor der Tür zum Lokal eine weitere junge Frau, die kurz hereinsieht, was da so lange dauert. Die Frau drinnen nimmt immer wieder einen Schluck Bier und plappert mit lauter Stimme los, María weiß nicht, ob sie gemeint ist oder ob sie nur die Stille füllen will, vor der ihr graut. Von außen dringen Musik, Stimmen, das Geklingel leerer Flaschen herein.

»Bier mag ich lieber als Wein oder Hochprozentiges. Da bin ich näher dran an allem rundherum. Der Reiz des Weins, der ist mir inzwischen fern, meilenweit, findest du nicht? Und der Schnaps ... Wenn ich an Schnaps denke, sehe ich meinen Vater und seine Freunde vor mir, auf den Sommerfesten. Die haben nichts mit mir zu schaffen. Bier ist mir lieber.« Sie nähert ihre Flasche der von María und tut so, als stoße sie an.

»Es ist billiger.«

»Ich liebe deine Kluft, ehrlich. Hab ich schon gesagt. Wo ist die her? Aus welchem Laden? Sag nichts, warte, die hast du nicht von hier, stimmt's? Von einer Reise. London? Oder wenigstens vom Rastro. Gehst du zu dem Markt? Ich nur für LPs und Fanzines.«

Die Worte der Frau überstürzen sich. Wie alt ist sie? María vergleicht: Die Furchen, die sich bei ihr selbst in die Schläfen gegraben haben, sind bei der Frau noch kaum angedeutet. Das Pink aber vergräbt sich in die Mundwinkel ganz wie bei María. Also etwas über dreißig, wie sie selbst? Dreiunddreißig inzwischen, denkt María. Wie viele Kinder hatte meine Mutter in dem Alter schon geboren? Ihre beiden älteren Geschwister waren bereits auf der Welt, sie vielleicht auch, wenn sie richtig gerechnet hat. Soledad nicht, Chico auf keinen Fall. Sie denkt an ihren kleinen Bruder, der bestimmt vor ein paar Stunden von der Arbeit zurückgekehrt ist; ihr gefällt der Gedanke, dass er gerade einen Film zu

Ende sieht. Wäre Chico gern hier, bei ihr? Seit langem schon fragt er nicht mehr, ob er sie einmal besuchen kann.

»Erschrecke ich dich? Langweile ich dich? Meine Freunde sagen mir manchmal, Leidi, du redest zu viel. Das meinen sie als Warnung. In etwa: Leidi, halt den Mund.«

Sie ist sich nicht sicher, ob Leidi sich über sie lustig macht oder so betrunken ist, dass sie das, was sie sagen will, nicht mehr von dem unterscheiden kann, was sie sagen sollte, ob sie genauso denkt – so simpel – und die Wörter einfach fließen lässt. Leidi hat das Bier ausgetrunken und führt nun die leere Flasche an die Lippen. Sie amüsiert María. Ihre Handtasche, ihre Stiefeletten, wie teuer die wohl sind? Vielleicht würden sie María am Monatsende über die Runden helfen, oder sie könnte davon ein schönes Geschenk für Carmen kaufen. Ein Kleid zu Weihnachten? Dann fährt sie wieder nach Córdoba. Welche Größe hat sie?

Wie groß ist ihre Tochter? Sie glaubt, so kann sie ihre Abwesenheit wettmachen: Sie denkt an Geschenke zu den nächsten Ferien, zu Weihnachten, zum Geburtstag.

»Und das brave Mädchen ist allein in der Bar? Oder mit Freunden hier?«

»Mit Freunden.«

»Habt ihr eine Grüppe?«

»Wir haben uns in einer Bürgerinitiative kennengelernt, in Carabanchel. Da wohne ich, seit ich nach Madrid gekommen bin. In der Gegend hier bin ich fast nie. Sie geben Kurse, es gibt Kino- und Theaterkreise. Wir besprechen Bücher, Filme … Wir organisieren Vorführungen in den Filmklubs der Studenten im Viertel. Das macht Spaß.«

Das macht Spaß, geht in Leidis Gelächter unter; schon während der Antwort hat sie die Augen geschlossen, übertreibt, nach Halt suchend, ihr Lachen. Über mich, denkt María, über mich lacht sie. Das ist ihr früher bereits passiert,

María hat gelernt, Verletzlichkeit, Naivität vorzuschützen, darum zu bitten – mit sanfter Stimme, die Lider empfindsam gesenkt –, man möge es wiederholen, ihr erklären, was man habe sagen wollen, als hätte sie es nicht auf Anhieb verstanden. Die dumme María, das war ihr Spitzname bei einer Familie, bei der sie zwei Jahre geputzt und eine Fistelstimme vorgetäuscht hatte, von den Komödien abgehört. So stärkt sich María gegenüber Leuten wie Leidi.

»Die da draußen helfen dir. Die da draußen wählen alle, allesamt PSOE. Deine Leute.«

Leidi stammelt, deutet erst mit dem Flaschenhals Richtung Lokal, dann mit dem Finger. Sie visiert ein imaginäres Ziel an, bremst nicht ihren Wortschwall. Die junge Frau vor der Tür öffnet, verdammt, sie will wissen, ob das Klo immer noch besetzt ist, Scheiße noch mal, sie schlägt zweimal gegen die Tür – zuerst mit geballter Faust, dann mit dem rechten Fuß –, ich mach mir in die Hose, blöde Schlampe, und sie geht wieder hinaus. Eine Stimme in der Kabine bittet, Moment noch, Leidi fragt, ob es ihr gut gehe, die Stimme bejaht, Moment noch, und wieder: einen Moment. Leidi hat Mitleid und tritt zurück, nimmt noch einen Schluck Luft. María findet es tröstlich, mit Leidi und dem stillen Mädchen in der Kabine hier drinnen zu sein.

»Ich habe nicht PSOE gewählt. Ich habe für die Kommunisten gestimmt.«

»Sag's nicht meinen Freunden, aber ich auch. Die Kommunisten! Wenn das mein Vater wüsste ... Wir sind vielleicht Verliererinnen. Stell dir vor, wir haben die Linke gewählt, die total abgestürzt ist. Meine Großmutter hat Angst vor ihnen, aber ich finde sie rührend. Alle gleich! Sieh uns an, dich und mich und die in der Kabine. Alle in derselben Bar, zur selben Zeit, betrunken. Worin gleichen wir uns? Hör mal, Schwachblase! Worin gleichst du mir?«

Während die Stimme wieder sagt, einen Moment, nimmt Leidi María bei der Hand, und sie stellen sich vor den Spiegel. Ein Frauenkörper neben einem anderen Frauenkörper: Leidis schlanke, kräftige Waden unterscheiden sich nicht so sehr von Marías etwas dickeren. María hat üppigere Schenkel, eine breitere Hüfte, aber ihr Körper verschlankt sich in der Taille. Leidis Figur ist weniger kurvig. Wenn Leidi ihr Kleid anheben würde und María ihr Hemd, würden beide die gleichen Streifen auf dem Bauch sehen, auf Leidis die Narbe eines Kaiserschnitts. Die winzige Brust der einen – zwei Nippel, mit denen du kaum gestillt hast, beschrieb sie ihr Ex nach der Trennung –, füllig bei der anderen. Und die gleichen Elemente im so unterschiedlichen Gesicht: ein Mund, eine Nase, zwei Augen. Leidi öffnet sie, María schließt sie. Leidi hört nicht auf zu reden, redet unentwegt.

»Als ich dich nach der Gruppe gefragt habe, meinte ich Musik. Eine Musikgruppe: In dieser Bar hat um diese Zeit jeder eine Musikgruppe. Ich habe nicht über dich gelacht. Ich bin Schauspielerin, bin in ein paar Filmen aufgetreten. Tanzend auf einer Party, im Gespräch an einem Ort wie diesem. Etwas in der Art. Bin zu alt, um eine Gruppe zu haben. Du dagegen nicht. Wie alt bist du, du braves Mädchen? Ich siebenundzwanzig.«

»Dreiunddreißig.«

»Sieht man dir nicht an ... Ein Gesicht wie Anfang zwanzig. Jetzt habe ich alles über mich erzählt. Du bist dran.«

Leidi reicht ihr die Hand, María drückt sie. Nun spürt sie zum zweiten Mal binnen weniger Minuten ihre Hand und denkt, dass sie recht hat: Sie beide gleichen sich in nichts. María wird jetzt den langen Weg nach Hause zurücklegen und dann dafür sorgen müssen, dass ihr beim Putzmittelgeruch nicht übel wird. Am Wochenende wird sie ausruhen, vielleicht morgen bei ihrer Mutter anrufen, um mit ihrer Tochter zu reden.

»Kennst du jemanden, der in einem Büro arbeitet? Ich putze in einem Bürogebäude. Jeden Vormittag mehrere Stunden, bevor der erste Angestellte kommt. Um sieben werde ich ihren Dreck von gestern wegputzen, damit sich am Montag niemand über die Flecken auf dem Boden oder die Kippen in den Aschenbechern beschwert. Freitag, Samstag: die schlimmsten Tage.«

»Dass es solche Leute gibt.«

»Sag das nicht ... Es gibt auch andere. Die Sekretärin aus dem zweiten Stock legt uns immer Zettel hin: Danke, einen schönen Tag, mir ist der Kaffee umgekippt, ich habe versucht aufzuwischen. Aber das ist nicht die Regel.«

»Ich meine dich. Leute wie dich. Nicht wahr? Nie habe ich drüber nachgedacht, dass jemand den Müll wegräumt. Ich meine, ich habe euch auf der Straße gesehen. Aber noch nie habe ich mit jemandem wie dir geredet.«

Im Hintergrund hört man das Plätschern des Urins in der Kabine, ein kräftiger Strahl, anhaltend, gebremst von einem Niesen, dann die Spülung. Als die Tür aufgeht, kommt ein Mädchen heraus, ebenso gekleidet wie Leidi, ultrakurzes, glänzendes Kleid, das Haar – ihres dunkel – toupiert, schwarzer Lidschatten, Ketten um Hals und Schultern. Leidi setzt sich in Bewegung, öffnet die Handtasche, holt das Portemonnaie heraus. Sie ist dran. Sie sucht einen Geldschein, und zwischen Papieren und Karten fällt ein Passfoto heraus. María bückt sich danach und sieht sich – ein Reflex – das Gesicht des kleinen Mädchens an: die gleichen honigfarbenen Augen wie Leidi, riesig in dem runden Gesicht. Sie überlegt, welche Züge wohl zum Vater gehören – das kantige Kinn, die stumpfe Nase – und was sie von ihr geerbt hat. Womöglich die Farbe des Haars, das Leidi gefärbt trägt; sie könnte wetten, Kastanienbraun, wegen der Augenbrauen. In dem Fall hat sie Leidis glattes Haar, in zwei Rattenschwänze geteilt. Auf dem Foto täuscht das Mädchen ein Lächeln vor, beide Zahnreihen fest aufeinander.

»Schau, du braves Mädchen! Das ist meine Tochter. Sieben Jahre alt. Ich habe mich vom Vater scheiden lassen, sobald das Gesetz durch war. Darauf hatte er ebenso sehnsüchtig gewartet wie ich. Sie ist jetzt bei meiner Schwiegermutter, die in manchen Nächten einspringt. Versteh mich recht, ich muss mein Leben weiterleben, nicht wahr? So lerne ich auch Leute kennen, man weiß nie, wann sich eine Rolle ergibt. Und das mit den aufopfernden Müttern, na, das war einmal. Jetzt wird das Leben gelebt, solange ich noch auf meinen zwei Beinen stehe. Hast du Kinder?«

»Ja, eine Tochter.«

»Ist die auch bei deiner Schwiegermutter?«

»Nein, bei meiner Mutter. Im selben Alter wie deine.«

»Es ist gut, jung Mutter zu werden, nicht wahr? Wenn sie einmal eine Tochter hat, hüte ich sie. Dann bin ich die moderne Großmutter. Und du wirst die Großmutter von Carabanchel. Sieh dir meine an, sieh nur.« Die Frau drückt ein paar Küsse auf das Passfoto, reicht es María. »Schlau und hübsch. So klein, hat's aber schon faustdick hinter den Ohren: Sie weint, bis wir ihr geben, was sie will. Hast du Fotos von deiner Tochter?«

»Nein. Hier nicht. Zu Hause. Zu Hause natürlich.«

Auch darin gleichen sich María und Leidi nicht. Zwei Beine, zwei Arme, ein Mund, eine Nase, zwei Augen, der Bauch, der entbunden hat: All das ist ihnen gemein, aber nicht Marías Lüge über Carmens Alter, das Transportmittel nach Hause – ein Taxi für Leidi oder das Auto eines Freundes, der Nachtbus für María –, die Eile, mit der María duschen und zur Arbeit gehen wird, die Telefongespräche, die Leidi gewiss bis zum Mittag ausdehnt. Nicht gemein ist ihnen das Wohnzimmer, das Kinderzimmer, das Leidi für ihre Tochter hergerichtet hat, das Foto von Carmen, das María nicht in ihrer Wohnung ausstellt, Carmens Alter, über das María die Unbekannte belogen hat. Sie hatte das Foto in eine Schublade gesteckt, als Pedro zum ersten Mal gekommen war. Jeden Sonntag hatten sie sich bei ihrer Cousine unterhalten, und María hatte ein defektes Haushaltsgerät erwähnt – heute weiß sie nicht mehr, ob es die Waschmaschine oder der Kühlschrank gewesen war –, und Pedro bot an, einen Blick darauf zu werfen. María verwahrte das erste Foto von Carmen, das sie damals bei Onkel und Tante aufgestellt hatte, und andere Bilder aus den letzten Jahren: Carmen in der Bar, von Chico in einer Limonadenkiste herumgeschoben, Carmen auf dem Stadtteilfest, bei Soledad auf dem Arm. Es gab noch mehr, von Chico gerahmt und in dem Zimmer aufgestellt, das er anfangs mit Carmen geteilt hatte, bevor es allein Carmens geworden war. Darauf waren María und sie zu sehen, die Mutter blickt auf die Tochter, von außen betrachtet mit einer gewissen Zärtlichkeit, von innen – von diesem Bauch mit den Streifen aus – mit der Erkenntnis, dass die beiden winzigen, dunklen Augen den Vater verraten. All diese Fotos in der untersten Schublade des Fernsehschranks, seit acht Jahren versteckt. Inzwischen hat sie Pedro natürlich erzählt, dass Carmen existiert, hat sich aber geweigert, ihm ein Foto zu zeigen, ja auch nur die Augen ihrer Tochter zu beschreiben, eine Nase, ein Mund, zwei Arme und zwei Beine.

»Jetzt genehmige ich mir meine Runde. Willst du auch?«

María schüttelt den Kopf und wartet, dass Leidi hineingeht, sich Zeit lässt, sagt, Moment noch, wie das dunkelhaarige, stille Mädchen. Und so kommt es: Das Mädchen draußen öffnet erneut die Tür, tritt herein, stellt sich neben María und murmelt, na endlich, in diesen Bars kommt man einfach nicht zum Pissen, erklärt mir bitte, wie eure Blasen das schaffen, ich halte das nicht aus, all die Stunden mit einem Bier und noch einem, keine Chance. María schließt die Augen, hört nicht hin und könnte schwören, dass sie sogar ein, zwei Minuten eingenickt ist. Eine Hand auf ihrer Schulter weckt sie: Leidi schüttelt sie sanft, während sie ihr Make-up auffrischt und verkündet, nun sei sie dran. María rechnet nach und kommt zu dem Schluss, dass Pedro und sie schon vor einer Weile hätten gehen müssen. Sie zieht ihr Hemd hoch, während sie die Kabinentür öffnet, und dreht sich um, bevor sie die Strumpfhosen herunterzieht:

»Du hast mich zwar nicht gefragt, aber ich heiße María.«

»Leidi. Eigentlich Asun, aber das fand ich dann doch ... Zu wenig, nicht wahr? Alle nennen mich Leidi.«

Auf Zehenspitzen, damit sie nicht die Klobrille berührt, mit geschlossenen Augen, was ihr beim Zielen hilft, gibt María die Biere der Nacht von sich. Sie hört das Gespräch zwischen Leidi und dem wartenden Mädchen. Sie schimpfen über die Zeit, die sie vergeudet haben, stellen schließlich fest, dass sie sich über gemeinsame Freunde kennen. María zieht ein Papiertaschentuch aus der Handtasche, wischt sich ab. Als sie die Kabine verlässt, ist Leidi fort, das wartende Mädchen wartet noch immer. María geht zurück zur Tanzfläche.

»Das hat aber ganz schön gedauert, was?«

»Kann man wohl sagen, Pedro ... Die Toilette war voll. Wir sollten längst zu Hause sein.«

Pedro und seine Freunde, mit ihrer billigen Kleidung, ihrem Geruch nach Benzin und Ammoniak, wo kommen die denn her? Für was halten sie sich? Ihr Blick stößt auf

Leidis Gruppe und auf die des stillen Mädchens und auf die Freunde des wartenden Mädchens. Sie mustert ihre, immer noch ins Streitgespräch vertieft. María schließt die Augen, entfernt sich ein paar Meter und tanzt für sich allein, ihr scheint, einer der Typen aus der ersten Bar kommt in dieser letzten auf sie zu, sie weicht zurück und fasst nach Pedros Hand. Felipe González und Calvo Sotelo bereiten die Machtübergabe vor, der portugiesische Revolutionsrat wird aufgelöst, schreiben Sie einen ganzen Brief auf Tastendruck: die Schlagzeilen der Zeitung, die in wenigen Stunden den Kiosken geliefert wird. Das weiß sie nicht, denn sie trinkt und trinkt und wiegt sich ein wenig, manchmal Hand in Hand mit Pedro – der sich nicht rührt –, manchmal ohne ihn. Sprechen die Zeitungen von ihr, Augen, Nase, Mund, Beine, Arme, der Körper mit den Spuren einer Mutter, die sie nicht ist? Sprechen Macht und Revolution von ihr? Glas gegen Glas gegen Glas, drei Hände – Flaum auf den Fingergliedern, schwarze Ränder an den Nägeln, das Leder des Uhrarmbands rissig – und eine Hand – die Fingerglieder glatt, die Nägel weiß und manikürt, ein feines Silberarmband am Handgelenk –, auf das Mädchen der Gruppe! Vor allem auf das Mädchen der Gruppe! Da, nimm, María, noch ein Bier. Warum? Warum habt ihr noch eine Runde bestellt? Worauf stoßen wir an? Eine leere Flasche, zwei halb leere, einer hat gerade nachbestellt. Entweder wir gehen jetzt, oder die kommt mir nicht mehr rechtzeitig in die Arbeit, und ich muss dann warten, bis sie sich umgezogen hat, meine Frau bringt mich um, wenn sie aufwacht und sieht, dass ich noch nicht zu Hause bin. Der eisige Hauch einer neuen Flasche in den Fingern der anderen. Noch ein Toast! Wein nicht, María, wir gehen sofort, ich kipp das runter, und in null Komma nichts sind wir zu Hause, dusch nicht, steck dein Haar hoch, und ich bring dich in die Arbeit, hör auf zu weinen, María, bitte. Auf uns! Auf uns und alle anderen! Auf das Mädchen der Gruppe! Vor allem auf das Mädchen der Gruppe!

# DER TRAUM
Madrid, 2008

»Seit ich dreizehn bin, träume ich jede Nacht vom Selbstmord meines Vaters. Ich schlafe gleich ein und will es dir noch erzählen, denn so werde ich morgen aufwachen: nachdem ich meinen Vater an einem Baum habe hängen sehen. Keine Angst, ich spreche nicht im Schlaf und heule nicht, wenn der Handyalarm klingelt; ich habe mich daran gewöhnt. Manche Männer warnen mich, dass sie schnarchen, andere, dass sie sich viel bewegen; bei mir fährt mein Vater eben jede Nacht gegen den Baum, kommt aber nicht um dabei und hängt sich schließlich auf. Das hat man dir erzählt, nicht wahr? So läuft es immer: Sie sagen meinen Namen, mein Alter, vielleicht, woher ich komme und wo ich arbeite, wenn ich Arbeit habe, und dann senken sie die Stimme und sagen, mein Vater hat sich umgebracht. Als täuschten sie einen Schmerz vor, den sie gar nicht spüren können, weil sie ihn nicht erfahren haben, und sie wissen auch nichts über die Umstände oder weshalb er getan hat, was er getan hat. Oder einfach aus Mitleid, deshalb senken sie die Stimme. Sie halten mich für ein Opfer des Augenblicks, in dem mein Vater sich umgebracht hat, und all seiner Konsequenzen; ich muss nur ein Gesicht ziehen, und sie schreiben es seinem Entschluss zu. Jahrelang habe ich bequem damit gelebt. Der Selbstmord meines Vaters war für mich ein Freibrief, zu tun, was ich wollte, ihr Mitleid und ihr Bedauern haben mich entschuldigt. Aber schon von klein auf bin ich gern grausam gewesen. Es hat mir sogar Lust bereitet. Ich konnte, kann nicht anders, auch heute nicht. Ich hatte Vergnügen daran, mich über dümmere oder ärmere Mitschülerinnen lustig zu machen, das war damals ziemlich einfach, und es hat mir nichts ausgemacht, wenn ich auf dem Pausenhof gemieden wurde oder niemand mich zu seinem Geburtstag eingeladen hat. Sie haben dir sicher auch gesagt, dass ich nicht gerade ein guter Mensch bin, oder? Bestimmt hat deine Freundin dich gewarnt. Ich habe eine kleine Schwester. Nein, wir reden kaum miteinander. Eva, sie heißt Eva, sie ist vier Jahre jünger als ich und war immer das glatte Gegenteil, kontaktfreudig, ist gern mit uns am Wochenende in eines der Restaurants meines Vaters gegangen, zwischen den Tischen umhergelaufen und hat Kellnerin gespielt. Nach dem Selbstmord meines Vaters wurde Eva immer verschlossener, hat wenig oder gar nicht mehr gesprochen, die ganze Zeit gemalt; das war ihre Art, etwas mitzuteilen, was, das weiß ich nicht, ist mir auch ziemlich egal. Meine Mutter ist bei Onkel und Tante aufgewachsen, und ich fand es schon immer seltsam, dass meine Schwester vor dem Selbstmord vor allem ihm glich, Chico, und danach ein Abklatsch von Tante Soledad aus ihr wurde, was für ein passender Name: Einsamkeit. Eva hat immer nach dem Prinzip Nachahmung funktioniert, hat immer die Haltung eingenommen, die mehr Sicherheit versprach. Ich weiß nicht, ob es ihr an Persönlichkeit mangelt. Sie ist meine

Schwester, aber sehr gut kenne ich sie nicht. Ihr Leben hat mich nie interessiert, weder damals noch heute. Wie gesagt, wir haben kaum Kontakt. Evas Veränderung kam sehr wohl von der Geschichte mit meinem Vater, glaube ich. Bei mir nicht. Ich war bereits so.

Aber der Traum, ich habe von dem Traum erzählt. Anfangs bin ich immer davon aufgewacht, wie im Kino: der Schweiß im Nacken, das Gefühl, geschrien zu haben. Er läuft immer gleich ab: Der Wagen prallt gegen den Baum, er klettert taumelnd heraus, macht sich aus den Sicherheitsgurten ein Seil und hängt sich am Baum auf. Das mag seltsam klingen, aber ich habe gelernt, ihn zu manipulieren. Ich meine nicht den Traum selbst, sondern meinen Platz darin, meine Funktion. Es ist komisch, denn man denkt, Träume spielen sich im Unterbewusstsein ab, an einem Ort, über den wir keine Entscheidungsgewalt haben. Aber mein Platz verändert sich in dem Traum Nacht für Nacht, manchmal sehe ich den Selbstmord von der anderen Straßenseite, manchmal vom Beifahrersitz, manchmal hebe ich ihn sogar hoch, damit er das Seil besser erreicht und schneller stirbt. Doch in den meisten Fällen halte ich mich so weit abseits, dass er mich nicht bemerkt, so fern, dass ich auch nichts tun kann. Wie mit den Metaphern, weißt du? Ja, eine Metapher. Wie ein Rätsel: Du umschreibst etwas, erklärst es, ohne es zu nennen. Etwas in der Art. Auch wenn ich mich nicht für Literatur interessiere, interpretiere ich es so, dass ich niemals, in keiner Nacht seit meinem dreizehnten Lebensjahr eingreife, weil ich durch nichts seinen Entschluss hätte ändern können. Mich zwischen den Bäumen verstecken: eine Metapher.

In den letzten Wochen ist etwas Merkwürdiges passiert: Mein Vater zeigt sich mir in keinem Moment von vorn. Das ist nicht jede Nacht so, manchmal läuft der Traum nach dem gleichen Schema ab wie all die Jahre. Doch in manchen

Nächten, auch wenn tagsüber nichts Außergewöhnliches geschehen ist, denn alle meine Tage sind gleich, erkenne ich meinen Vater nur an dem breiten Leib, an dem Rücken und weil ich schon auf das Knüpfen der Schlinge warte, doch er zeigt mir nicht sein Gesicht. Und das Gesicht, das ich kurz vor dem Aufwachen sehe, mit dem getrockneten Blut und den geschlossenen Augen, ist mein eigenes. Das ist mir seit fast zehn Jahren nicht mehr passiert. Einmal, ein einziges Mal habe ich so geträumt, im ersten Jahr an der neuen Schule. In der ersten Nacht, nein, nicht in der ersten, in der zweiten ersten Nacht, bin ich vor Angst aus dem Schlaf hochgefahren, mit Atemnot und diesem Gefühl der Träume, die ich mit dreizehn hatte, als es mich noch ängstigte. Ich dachte, das spielt sich bloß in meinem Kopf ab, nichts weiter, als würde ich ab und an ein neues Element in den Traum einschleusen, damit er mich nicht langweilt, damit ich nicht abstumpfe. Ich habe nicht viel drauf gegeben. Aber nun habe ich das schon ein paarmal geträumt, es ist keine Ausnahme mehr wie damals, und diese Gleichsetzung finde ich sehr komisch, denn nie habe ich an mir irgendwelche Züge meines Vaters gesehen. Ich schlage nach der Familie meiner Mutter. Nicht direkt nach meiner Mutter, sieht man von den Mausaugen ab, doch physisch gleiche ich ihrem Onkel und ihrer Tante, vermutlich meiner Großmutter, zumindest hat man mir das gesagt. Ich habe sie nie gesehen. Sie hat meine Mutter zur Welt gebracht, sie ein paarmal besucht, als sie klein war, und hat sich dann in Luft aufgelöst. Ich glaube, sie lebt auch in Madrid.«

Der baumelnde Körper ihres Vaters an einem Seil, an einem Ast; der Leichnam ihres Vaters, der darauf wartet, dass irgendwelche Unbekannten zu einer Geschichte kommen, die sie bis in alle Ewigkeit erzählen können. An einem

Nachmittag am Poolrand, ich habe dir noch gar nicht erzählt, wie ich einmal mit meinen Eltern abends von den Grillrestaurants in den Bergen zurückgefahren bin, oder viele Jahre später im Fernsehzimmer eines Altersheims, und dann hat mein Mann irgendwo geparkt und nachgesehen, ob es eine Leiche war oder ein Scherz. Ihre Mutter hatte entschieden, dass Eva zu klein war, um zur Beerdigung zu gehen, sie blieb zu Hause mit Tante Soledad, doch Alicia saß in der Kirche in der ersten Reihe, nahm die Beileidsbekundungen von Leuten entgegen, die sie nicht kannte und die aus ihrem Leben verschwanden, sobald die Messe zu Ende war. Und dann der Sommer: Ihre damalige Wohnung wurde schneller verkauft, als sie gedacht hatten, und Alicia kostete es keine Überwindung, ihre Figurensammlung in einen Müllsack zu stecken, obwohl die Mutter ihr angeboten hatte, sie bis zum Umzug in einer Kiste zu verwahren. Dieses Spielzeug gehörte zu einem anderen Leben; es hatte wenig Sinn, es zu behalten.

Den Sommer verbrachte Alicia bei Onkel Chico, manchmal ging sie mit Eva und der Tante zum Schwimmbad im Sportzentrum, je mehr Wochen vergingen, umso bequemer wurde sie, sah einen Film nach dem anderen, ohne dass sie jemand störte. Die Filme beim Onkel zu Hause zeigten immer wunderschöne Frauen mit langen blonden Mähnen, die befreit wurden von Männern, die viel rauchten; manche der Frauen hatten mehr Charakter, das Leben war nicht gerade sanft mit ihnen umgesprungen. Wenn der Onkel aus dem Restaurant kam, fragte Alicia ihn immer um Rat, welchen Film sie am nächsten Tag sehen solle, und seine Empfehlungen gab er so begeistert, dass sie ihn am Ende gemeinsam sahen. Wenn »The End« erschien, fragte er, wie sie ihn gefunden habe, welches ihre Lieblingsfigur sei, ob sie das Ende überzeuge. In dem Sommer bekam Onkel Chico ein schmales Gesicht und war auf einmal nur noch halb der Mann, der er gewesen war.

Die folgenden Jahre hat Alicia wohlweislich verdrängt. Sie interpretiert die Zeit als lange Übergangsphase zwischen ihrem früheren Leben und dem jetzigen: als Fegefeuer, den Bereich zwischen Himmel und Hölle, in dem man nicht weiß, wo das eine, wo das andere ist. Nach den Problemen im ersten Schuljahr beantragte ihre Mutter den Wechsel an die Schule in ihrem jetzigen Viertel, dasselbe ihrer ersten Jahre, und in den Gängen dort traf Alicia auf einige frühere Mitschüler. Sie tat so, als würde sie keinen von ihnen kennen, vermied es, ihre Familie zu erwähnen, obwohl alle bereits wussten, wer sie war, und konzentrierte sich aufs Lernen. Die Beratungslehrerin beglückwünschte sie: Die sechste Grundschulklasse hatte sie mit Bestnote in allen Fächern wiederholt. Alicia machte die Schule kein Vergnügen, lenkte sie jedoch ab; ebenso das Kino. Zunächst lieh ihr Onkel Chico seinen Mitgliedsausweis für den Videoclub, später lernte sie, sich Filme herunterzuladen. Auch das machte ihr kein Vergnügen – was sie niemals verriet –, lenkte sie jedoch ab. Das Lesen strengte sie an, im Kino entwickelten sich die Geschichten vor ihr, ohne ihr etwas abzuverlangen. Sie brachte Schuljahr für Schuljahr hinter sich, verwarf den naturwissenschaftlichen Zweig zugunsten des humanistischen. Zu Onkel Chicos Stolz schrieb sie sich dann für Audiovisuelle Kommunikation ein. Das ließ sich ihrer Mutter gegenüber leicht begründen, da sie so eifrig Filme sah, und garantierte ihr, die Stadt verlassen zu können. Sevilla und Málaga waren Alicia zu nah, sie würde jedes Wochenende nach Hause fahren müssen. Sie wählte Madrid. Ihre Mutter weinte, wie zu erwarten. So hatte sie sich all die Jahre verhalten: so, wie sich eine Mutter erwartungsgemäß ihrer Tochter gegenüber verhält. Sie beglückwünschte sie

Zeugnis für Zeugnis für ihre Noten, während Eva nicht mehr sprach, Schuljahre wiederholte, schwänzte und verkündete, sie habe nicht die Absicht, ihr Leben mit der Schule zu vergeuden. Die Mutter erklärte Alicia, wie man sich Respekt bei den Männern verschaffte, nicht frühzeitig schwanger wurde – das hatte, musste Alicia zugeben, nicht wenig Komik –, und sie machte sich Sorgen, wenn sie samstags zu Hause blieb und nicht an der Klassenfahrt teilnehmen wollte. Sie stellte sich vor, wie ihre Mutter jeden einzelnen Punkt auf einer Liste notierte und dann durchstrich – »heute: mich verständnisvoll zeigen«, »morgen: mich für ihre Zukunftspläne interessieren« –, bevor sie schlafen ging.

Darin glich Alicia ihr. Onkel Chico erzählte immer lachend, Carmen sei als kleines Mädchen nicht besonders süß gewesen, aber immer sehr schlau, und er sprach von der Zeit, als er und Tante Soledad im Zimmer mit dem Kinderbett geschlafen hatten, und von dem merkwürdigen Gefühl, zu einem Mann zu werden, während auch das Mädchen heranwuchs. Alicia ist niemals süß gewesen, aber immer schlau. Sie kalkulierte, welches Studienfach überzeugend wirken und ihr die Flucht ermöglichen würde, sie kalkulierte auch, wie sie sich über Wasser würde halten können, ohne auf die Mutter angewiesen zu sein. Mit Stipendium und Waisenrente würde sie sich ein WG-Zimmer finanzieren, den Lebensunterhalt bestreiten und die Immatrikulation bezahlen. Endlich hatte Alicia wieder ein Gleichgewicht gefunden: ihr Leben auf den Pfad zurückgeführt, von dem man sie abgebracht hatte. Es würde sie nicht allzu große Mühe kosten, wiederzuerlangen, was ihr zustand. In ein paar Jahren hätte sie ihren Abschluss, dann würde sie einen guten Job bekommen, eine eigene Wohnung abbezahlen, würde sich richtigen Urlaub leisten, vielleicht sogar ihrer Familie etwas Geld schicken.

So kam es nicht. Alicia zog mit zwei anderen Mädchen aus ihrer Schule zusammen, nicht gerade begeistert, denn die Mütter hatten ein drittes Mädchen gesucht, sich mit Carmen geeinigt und ihr keine Wahl gelassen; alles war doppelt so teuer, wie sie berechnet hatte, und bald schon kam zum wöchentlichen Anruf bei ihrer Mutter ein weiterer bei Onkel Chico, den sie unter dem Vorwand, Material für erfundene Praktika zu benötigen, um Geld bat. Der Unterricht langweilte sie, und sie verstand sich nicht mit ihren Kommilitonen. Die allgemeine Begeisterung schloss Alicia von ihren Unterhaltungen aus. Sie fand es lächerlich, wie sie über Filme sprachen, sie alle, die nicht genug Geld hatten, um sich an einer Filmhochschule einzuschreiben, oder nicht genug Talent, um die Aufnahmeprüfung zu bestehen. Alicia wusste, dass man sie die »Zynephile« getauft hatte – sie musste zugeben: das Wortspiel hatte Witz –, da sie erklärte, sie wolle bloß Geld verdienen, die Kunst sei ihr ziemlich egal. Sie blieb dem Unterricht fern, nicht von einem Tag auf den anderen, sondern fehlte mal im einen Fach, mal im anderen, erschien nicht zu den Prüfungen oder häufte so viele Abwesenheiten an, dass man sie nicht zuließ. Sie überlegte, ob sie das Fach wechseln und sich anschließend für den öffentlichen Dienst bewerben sollte, Jura vielleicht, vielleicht ein Lehramtsstudium. Sprache und Literatur? Es fiel ihr nicht schwer, Sätze zu analysieren – überhaupt die Sprache, erstaunlich, wie man andere mit Wörtern treffen kann –, und so kompliziert war das Lesen auch nicht. Doch in der Zwischenzeit musste sie sich über Wasser halten, und sie suchte ihre ersten Jobs: räumte anfangs stundenweise Tische in einem Café in Argüelles ab, stand dann den ganzen Tag hinter der Theke, und so verging ein halbes Jahr. Sie beschloss, sich eine andere WG zu suchen, wo ihre Unentschiedenheit nicht am Telefon in einem Haus besprochen wurde, das nur ein paar Meter von dem ihrer Mutter entfernt war. Die Arbeit machte ihr kein Vergnügen – wem macht es schon Vergnügen, einen Kaffee nach dem anderen zu servieren und aufzupassen, dass die an dem einen Tisch nicht gehen, ohne zu bezahlen, und die an dem anderen das korrekte Wechselgeld bekommen –, aber sie kam ihr gerade recht: Sie erhielt einen Lohn, musste nicht denken. Onkel Chico pumpte sie nicht mehr an. Doch manchmal telefonierte sie mit ihm, alle zwei, drei Wochen; die Anrufe bei ihrer Mutter verwandelte Alicia in Mails an Eva, die für beide gedacht waren. Niemand beklagte sich.

Alicia ist in all den Jahren entlang der grünen U-Bahn-Linie Richtung Süden gezogen, hat den Fluss immer weiter hinter sich gelassen, während sie von Job zu Job wechselte: Café, Kleiderladen, Puerta de Toledo, Pirámides, noch ein Café, ein Bingo-Club, Marqués de Vadillo, mehrere Monate arbeitslos, Aluche, ein Reinigungsunternehmen, Urgel, ein Supermarkt, Eugenia de Montijo. Die Dienstkleidung steht ihr gut, und nun lebt sie zum ersten Mal allein: eine kleine Wohnung, die sie von einer Kollegin mietet. Deren Mutter war dort gestorben, in der Küche beim Abwasch, und eine Woche später räumte Alicia ihre Kleidung in den Schrank der Frau, frühstückte nur wenige Fliesen von der Stelle entfernt, an der die Hand der Mutter vielleicht an die Brust gefahren war, um das Herz wieder in Gang zu bringen. Das Viertel findet sie nicht schlecht, und für alle Fälle spart sie, wo sie kann: Sie achtet auf verbilligte Waren, deren Verfallsdatum abläuft, und kauft sie als Erste. Sie nutzt das Leitungswasser, ein halbes Glas in der Mikrowelle, um den Reis aufzuwärmen, ohne dass er trocken wird, die Spaghetti weicht sie dreißig Minuten vor dem Kochen ein, um zu überdecken, dass sie billig sind. Alicia hat kein Vergnügen an ihrem Leben, doch ihr Leben lenkt sie ab.

»Das mit meinem Vater? Zuerst hat man uns gesagt, ein Autounfall. Später, nicht viel später, erfuhr ich, dass man sich das nur im Viertel erzählte, und mir scheint, mein Onkel oder meine Mutter, ich weiß nicht mehr, hat sich die Gerüchte zunutze gemacht: Sie haben uns gesagt, mein Vater sei in die Berge gefahren und habe sich ein Grillrestaurant angesehen, das er kaufen wollte, und auf dem Rückweg sei er aus der Kurve getragen worden und gegen den Baum geprallt. Mein Vater hatte mehrere Restaurants. Angefangen hat er als Kellner bei meinem Onkel Chico, der eigentlich nicht mein Onkel ist, sondern der meiner Mutter, und für mich auch gar kein Onkel, sondern eine seltsame Mischung aus Vater und Mutter. Als junges Mädchen hat meine Mutter manchmal den Onkel abgeholt, auf ihrem Weg von der Arbeit im Zentrum zurück ins Viertel, und sie sind zusammen nach Hause gefahren. Mein Vater war etwas älter als sie, nicht viel, fünf, sechs Jahre, und meine Mutter ist schnell schwanger geworden, noch jünger sogar als meine Großmutter damals, und sie haben überstürzt geheiratet. Bevor ich auf die Welt kam, sind sie zu Onkel Chico gezogen. Mein Onkel hatte eine kleine Wohnung im Viertel, dort lebt er immer noch, mit einem Zimmer extra für seine Filme, er liebt das Kino. Die Großeltern haben es nicht ertragen, dass sich die Geschichte ihrer Tochter bei meiner Mutter wiederholt, und uns den Rücken gekehrt. Bei meinen anderen Großeltern, väterlicherseits, lebte bereits eine Tante mit Mann und Kindern, dort war kein Platz. Während meine Eltern also eine Wohnung suchten, hat Chico ihnen sein Schlafzimmer abgetreten, damit sie sparen konnten, und sich in sein Filmzimmer zurückgezogen, auf eine Pritsche, auf der ich später oft geschlafen habe. Ich erzähle so viel von ihm, weil er wirklich wichtig für mich gewesen ist. Er hat den Namen für meine Schwester gewählt. Über meinen hatte mein Vater entschieden. Alicia.

Meinem Vater war es ernst damit, eine Familie zu gründen, und er wurde Kellner in einem Restaurant, in dem er mehr verdient hat, aber ich sah ihn nur noch selten, denn wenn er nach Hause kam, schlief ich schon seit Stunden. Eigentlich erinnere ich mich kaum an ihn. Die Lücken in der Geschichte habe ich mit Onkel Chicos Erzählungen gefüllt, mit den Gesprächen zwischen ihm und meiner Mutter, zwischen ihm und Tante Soledad. Was meine Mutter sagt, damals gesagt hat, habe ich schon immer mehr für Lüge als Wahrheit gehalten. Meine Mutter ist sehr intelligent; ich weiß nicht, ob sie hübsch ist, als junges Mädchen vielleicht, wie sie jetzt ist, keine Ahnung, seit Jahren sehen wir uns nicht. Das erzähle ich dir noch. Sie haben erst eine Wohnung im Viertel gekauft, dann hat mein Vater sein erstes Restaurant eröffnet und sich mit Onkel Chico zusammengetan. Es lief gut, und als Eva auf die Welt kam, haben sich meine Eltern eine neue Wohnung angeschafft, in einem besseren Viertel, näher am Zentrum. In zehn Jahren hat mein Vater vier Restaurants eröffnet, alle in der Nähe unseres Viertels: *El Rincón de Carmen* 1, 2, 3 und 4, auch wenn Carmen, meine Mutter, sich dort lieber nicht sehen ließ. Als mein Vater sich umgebracht hat, war gerade das fünfte eröffnet worden, nun mitten im Zentrum, und er hatte eine weitere Wohnung gekauft, in einem großen Neubau mit Pool, in der Nähe der Schule, auf die wir im nächsten Jahr gehen sollten. Man kann also nicht sagen, dass es schlecht bei ihnen lief, im Gegenteil, als Onkel Chico laufen gelernt hat, gab es noch keine Straßenbeleuchtung in dem Viertel, das auch das meiner Eltern war, und als mein Vater geboren wurde, gab es noch nicht einmal Kanalisation. Sie kamen von dort her, hatten ihre Herkunft hinter sich gelassen und kauften immer größere Lokale und Wohnungen, in besseren Vierteln. Sie hatten die Schule abgebrochen, doch wir würden unseren Abschluss an einer Privatschule machen, neben uns andere mit dem gleichen Lebensstandard. Meine Mutter wollte nicht im Supermarkt um die Ecke den Nachbarinnen begegnen, also kaufte sie im Corte Inglés ein und fuhr den Einkauf im Auto nach Hause, ebenso die Kleidung, die Haushaltsgeräte, alles auf Kreditkarte. Eva hat nichts mitbekommen und sich mit ihren Tänzen auf dem Pausenhof vergnügt, aber die Herablassung meiner Mutter habe ich gewissermaßen übernommen, ganz ungeniert, mit Stolz. Mir war bewusst, dass ich besser war als die anderen Mädchen in der Klasse. Ich habe das letzte Grundschuljahr wiederholt, weil ich dachte, ich müsste nicht bestehen, um ein besseres Leben zu haben als die Mädchen um mich herum mit ihrer hässlichen, billigen Kleidung, immer denselben Trainingsanzug beim Sport, Tag für Tag ausgebeulte Jeans. Was wollte ich damals werden? Ich weiß nicht mehr. Wenn all das nicht passiert wäre, hätte ich wohl Betriebswirtschaft studiert, mein Vater hätte mir ein Büro neben seinem eingerichtet, nach ein paar Jahren hätte ich einen Kommilitonen geheiratet, zu arbeiten aufgehört oder ein-, zweimal pro Woche im Büro vorbeigesehen. Tatsache ist, dass mein Vater sich umgebracht hat: Daran erinnert mich ein Traum in jeder Nacht meines Lebens, wie eine Warnung, die mich aufrüttelt, damit ich dem Leben ins Gesicht sehe, das ich verloren habe, und dem, das ich jetzt habe.«

Als ihre Kollegin ihn vorgestellt hatte, war ihr der erste Laut entgangen, sie schnappte kaum mehr als die letzte Silbe auf. Sein Aussehen missfiel Alicia: zu groß, Adlernase, Froschaugen. Auch die Unterhaltung mit ihm interessierte sie nicht besonders – am Wochenende fährt er Fahrrad, ist gleich nach Schulabschluss einem Radsportverein beigetreten –, er quatschte ihr die Ohren voll vom frühen Aufstehen und den Touren am Samstag und Sonntag. Die Steilhänge, der Rahmen, wie lange schon spricht er davon? Fünfzehn Minuten, eine Stunde, Alicia kann es gut überspielen, wenn sie zuhört, ohne hinzuhören, Interesse vortäuscht und dabei denkt, was für ein Glück sie hat, dass sie morgen nicht arbeiten muss. Er wohnt in Canillejas, soweit sie mitbekommen hat – und das stimmt, wie sie nun, in seiner Wohnung, feststellt. Auch er hat gefragt, wo sie wohnt. Alicia lügt fast immer, erfindet einen Namen, einen Beruf und ein Viertel, aber er kennt ihre Kollegin – es ist Rocíos Geburtstag – und würde es schnell merken. Dass Alicia bei Eugenio de Montejo lebt, am anderen Ende derselben U-Bahn-Linie, hielt er für einen Wink des Schicksals; sie für einen öden Scherz. Er hatte die Wohnung vor zwei Jahren gekauft, weil er seine damalige Freundin heiraten wollte, aber die hatte ihn verlassen, und nun lebt er allein. Er geriet in diese Endlosschleife, die Alicia so nervt – ein Loblied auf das Mädchen, in das er sich verliebt hatte, die Verblüffung über die Trennung, der wenig subtile Groll auf diese Frau, die ihn verlassen hatte –, und ihr fiel auf, dass er mehrmals »Freundin« statt »Exfreundin« sagte, als wäre ihm das Mädchen erst vor zwei Wochen davongelaufen, nicht vor fünfzig. Sie suchte den Blick einer ihrer Kolleginnen, um mit jemand anderem zu reden und sich von ihm abzuwenden, doch keine achtete auf sie.

Dann versuchte Alicia, sich seinen nackten Körper vorzustellen – der Bauch gebläht vom Bier, die Waden über dem Sockenrand gebräunt –, und sie fand ihn abstoßend, spürte, wie ihr vor Ekel ein Schauer über den Rücken lief. Er bemerkte es, bemerkte, dass sie die Augen schloss und die Schultern schüttelte, und fragte, ob ihr kalt sei, ob sie seine Jacke wolle. Alicia muss zugeben, dass sich in dem Moment – es war nicht die billige Galanterie, sondern das Bild seines nackten Körpers – alles änderte: Die Stimme

kam ihr liebenswerter vor, sie musterte die schmale Ober-
lippe und die vorstehende Unterlippe, und gestand sich
ein, dass sie keinen Rückzieher machen würde, wenn er sie
küssen wollte. Sie nahm das Gespräch wieder auf. Er fragte
sie nach dem Supermarkt, und sie sagte, die Schichten sei-
en erträglich, die Kolleginnen verstünden sich gut. Er antwortete nicht, wartete vielleicht, ob Alicia noch etwas hin-
zufügte, ob sie nach seinem Erguss – seine Leidenschaft für
den Radsport, die Trennung, das faszinierende Leben eines
alleinstehenden Mannes knapp über dreißig – nun irgendeine Information beisteuerte. Sie sagte sich: Alicia, willst du
etwas haben, musst du etwas bieten. Also los.

»Gehst du gern ins Kino?«

»Na ja, nicht besonders. Ich bin nicht so ein Intellektuel-
ler.«

»Nicht alle Filme sind für Intellektuelle ...«

»Aber du siehst auch nicht nach einer aus, oder?«

»Wieso? Weil ich in einem Supermarkt arbeite?«

Er beugte sich zu ihr. Eine winzige Bewegung, noch weniger Distanz zwischen einem Oberkörper und dem anderen.
Alicia war drauf und dran, es sich zu überlegen und doch
die letzte U-Bahn zu nehmen, aber der Gedanke amüsierte
sie, was ihr entgehen würde, mit diesem Körper, den sie
sich auf dem Fahrrad lächerlich vorstellte. Bestimmt hatte
er zu Hause Gruppenfotos mit dem Radsportverein. Was
müsste sie tun, damit er sie ihr zeigte? Wenn sie in seine
Wohnung traten und er ihr etwas zu trinken anbieten würde,
könnte sie vielleicht fragen: Hast du irgendein Rennen gewonnen? Hast du einen Pokal, eine Medaille? Vielleicht ein
Gruppenfoto? Ich habe noch nie jemanden kennengelernt,
der in einem Radsportverein ist. Er hatte Alicia von seinen
Freunden aus dem Verein erzählt, von ihren absurden Spitznamen, und sie musste ständig an diese Körper denken, in

Radlerhosen gezwängt, der Reißverschluss des Trikots, der kaum zuging. Wie viel hatte ihn das Outfit wohl gekostet? Hatte ihm seine Exfreundin eins geschenkt, vielleicht zum letzten Geburtstag, den sie gemeinsam gefeiert hatten? Alicia sagte ja, wusste aber nicht, auf welche Frage; er kam noch näher, und sie stellte klar, nein, nicht vor den anderen, sie schäme sich. Er bot an, ein Taxi zu bezahlen, und sie verließen gemeinsam die Bar. Als sie um die Ecke waren, küsste er sie.

Alicia hatte den Sex entdeckt, nachdem sie von zu Hause weggezogen war. Während ihrer ganzen Schulzeit hatte sie nicht einmal jemanden geküsst. Frauen stießen sie ab, und die Jungs, die sie kannte, gefielen ihr nicht. Vielleicht hatte sie einmal eine Spur Verlangen für den einen oder anderen Mitschüler empfunden, und gerade bei denen hätte sie es niemals der Freundin anvertraut, die sie – im Übrigen – nicht hatte: Miguelín, der stotterte, oder Juan Antonio López, der sich von Juan Antonio Pérez darin unterschied, dass der eine Basketball spielte und der andere – López – seine Schuppenflechte nicht verbarg. Miguelín überwand es nach Jahren bei einem Logopäden, und bei López machte sie misstrauisch, wie stolz er seine roten Flecken zur Schau stellte. Das erstickte jegliches Interesse bei ihr. Alicia merkte schnell, dass sie das Physische theoretisch anzog und in der Praxis überforderte: der Zwanzigjährige im Rollstuhl, der jeden Sonntag mit Eltern und Geschwistern im Restaurant aß und dem man die Beine unter dem Knie amputiert hatte, der Junge aus der Klasse nebenan mit der komplexen Syndaktylie an der linken Hand. Sie erregten ihre Aufmerksamkeit, aber sie konnte sie sich nicht nackt vorstellen, mit ihnen in einem Zimmer, das Bein, das nicht in einen Fuß, sondern in einen Stumpf mündet, die Flossenhand, die versucht, ihre Brust zu umfassen. Im Kino verfolgte sie die Sexszenen mit wissenschaftlicher Distanz, um zu erfahren, was da geschah, und keine einzige Nacht versuchte sie zu masturbieren. Die Lust interessierte sie nicht, oder zumindest interessierte sie nicht die Lust, die der Körper verschaffte.

Alicia kannte Diego vom Sehen, sie hatten ein paar Fächer gemeinsam. Nie erfuhr sie sein Alter, wusste jedoch, dass er sich erst hatte einschreiben können, nachdem er jahrelang herumgejobbt hatte, und dass er wegen seiner Arbeitszeiten nur wenige Fächer belegen konnte. Wenn er sich im Unterricht meldete, fiel sein beschränktes Vokabular auf, sein ungeschicktes Argumentieren. Er wollte seine Meinung nicht aufdrängen oder seine Reife zur Schau stellen, sondern nur seine Anwesenheit rechtfertigen, damit er sich nicht wie ein Eindringling vorkam, sondern den anderen gleich war. Bald hatte er zwei, drei Freunde, denen er Bier spendierte und mit denen er über Regisseure diskutierte, Nachnamen als Losungen, leise, wie ein Geheimnis. Bei Alicia löste Diego Mitleid und Lachen aus.

Wenn Diego – Hefte und Notizen in der zweiten Reihe ausgebreitet – die Hand hob, merkte Alicia, dass ihr Herz immer heftiger schlug. Sie genoss den Ton, in dem die Dozentin für Filmgeschichte Diego antwortete, verärgert, dass er sie mit seinen Kommentaren unterbrach. Alicia wartete ungeduldig auf den Freitagnachmittag, wenn Diego sich mit jeder Unterbrechung demütigte. Während die Dozentin seine Erwägungen Punkt für Punkt auseinandernahm, musterte Alicia das Haar, das um den Scheitel lichter wurde, den verschlissenen karierten Hemdstoff. Als sie eines Tages mit der U-Bahn zum Unterricht fuhr, überraschte sie sich bei dem Gedanken, wie sie an ihn herankommen könnte. Sich der Gruppe anschließen, mit der er sich jeden Freitag nach dem Unterricht traf? Zu langweilig, zu viele Leute, kaum Intimität. Ihn loben: Das würde funktionieren.

Alicia notierte wochenlang die Namen, die er fallen ließ, Nachnamen von Regisseuren, über die sie sich informierte und die nicht unbedingt die Geheimtipps waren, als die er sie darstellte. Viele ihrer Filme kannte sie bereits, dank ihres Onkels. Diego las Carver und hörte Springsteen, also las Alicia Carver – sie lieh sich ein Buch aus der Bibliothek – und hörte Springsteen.

Es kostete Alicia zwei Gespräche – an einem Nachmittag: entschuldige, wie hieß noch der Regisseur, der auch Schriftsteller ist, aus Brooklyn?, und die Woche darauf: ich habe den Film gesehen, den du mir empfohlen hast, der war toll; die Augen weit aufgerissen –, bis Diego lieber mit ihr etwas trinken ging und die Jungs seiner Kinogruppe abschüttelte. Was auch immer Diego vor seinem Bier von sich gab, hielt Alicia fest, um es bei späteren Treffen zu wiederholen: Vorlieben – das Kino vor allem –, Träume – in New York zu leben, einen Film zu drehen –, unsichere Zurschaustellung seines Wissens – was er ihr über Filmografie erzählte, wusste sie bereits auswendig –, hier und da eine Anspielung auf ein Mädchen, als Beweis, dass seine Inszenierung mehr Gewohnheit als Ausnahme war. Diego erzählte ihr nie, als was er arbeitete, jedoch, dass er in der Wohnung seiner Mutter lebte, die vor Jahren ins Dorf zurückgekehrt war. Dann erfüllte Diego, was von ihm erwartet wurde: Beim dritten Bier küsste er sie, und Alicia spürte, wie seine Zunge in ihren Mund trat und mit ihr Reste von Tortilla, Chorizo und feuchtem Brot, und Alicia ekelte sich nicht, sondern hatte das Gefühl, dass er sie fütterte wie ein Vögelchen. Diego nahm sie auf dem Motorrad mit zu sich – er trat ihr den Helm ab –, und sie vögelten auf dem braunen Kunstledersofa, die Häkeldeckchen auf dem Boden. Alicia blutete nicht. Er war in kaum fünf Minuten fertig; das sah sie an der Uhr des DVD-Spielers. Er musste früh aufstehen und bot an, sie nach Hause zu bringen, das war das Mindeste. Zum Abschied küsste er sie auf den Hals. Alicia gab Filmgeschichte und Kommunikationstheorie auf, entdeckte jedoch, wo sie Lust finden konnte.

Mit wie vielen Männern wie Diego hat Alicia in all den Jahren gevögelt? Eine Nacht, die folgende vielleicht: mit den Freunden ihrer Kolleginnen, mit einigen Kollegen; mit Unbekannten, denen sie in der Bar unten im Haus begegnet oder am U-Bahn-Ausgang. Besonders lustig fand sie die Geschiedenen über vierzig, zu jung, um die Einsamkeit zu akzeptieren, halb tot vor Scham, wenn sie sich vor einer Unbekannten auszogen. Während sie mit ihnen flirtete – immer auf die gleiche Art: sie gab sich schüchtern, überließ ihnen die Kontrolle, damit sie sich mächtig fühlen durften –, malte sie sich ihre Entschuldigungen aus, wenn sie ihn nicht hochbekamen oder zu früh ejakulierten. Wenn sie es vermeiden konnte, blieb sie nicht über Nacht, kehrte nach Hause zurück, duschte, aß etwas Leichtes, sah ein wenig fern und fiel ins Bett. Sobald Alicia die Augen schloss, war da eine weitere Nacht der taumelnde Körper ihres Vaters.

»Zuerst haben sie uns erzählt, es sei ein Autounfall gewesen, aber nicht mal zwei Wochen später habe ich ein Gespräch zwischen meiner Mutter und meinem Onkel gehört. Aus den Beileidsanrufen der ersten Tage wurden schnell Anrufe von Gläubigern. Der Geschäftsführer einer Filiale wollte wissen, wie wir die neue Wohnung bezahlen würden, der Geschäftsführer einer anderen Filiale fragte nach dem Kredit für die Renovierung des Lokals im Zentrum, der Fleischlieferant beschwerte sich, dass man ihm in keinem der Restaurants Auskunft gab, die Darlehensgeber wurden wütend. Das Geschäft meines Vaters war durch das Anhäufen von Schulden gewachsen, durch das Geld der Banken, durch

Gefälligkeiten, und damit auch unser Lebensstandard. Die Wohnungen, die Reisen, die Fernseher, sie wurden nicht vom Mittagsmenü oder dem familiären Ambiente bezahlt, sondern von der seltsamen Finanzlogik meines Vaters, der überzeugt war, dass sich der Ruin des letzten Geschäfts mit dem Ruin des neuen überdecken ließ. Als ihm keine Bank mehr einen Kredit bewilligte und die Darlehensgeber allmählich ihr Geld verlangten, hielt es mein Vater für eine brillante Idee, mit dem Wagen von der Straße abzukommen und einen Unfalltod vorzutäuschen; er dachte, dass mit der Lebensversicherung alles wieder ins Lot kommen würde. Aber es gelang ihm nicht, sich auf Anhieb umzubringen, selbst darin ist er gescheitert, und er beschloss, sich aufzuhängen.

Bei diesem Gespräch redete meine Mutter, Onkel Chico hörte zu. Sie erklärte ihm alles: das Chaos in den Rechnungsbüchern, die Mahnungen, zuerst per Telefon, dann persönlich, während Tante Soledad mit Eva und mir im Schwimmbad war, das ganze Ungeschick meines Vaters. Mir fiel auf, wie sie von ihm sprach, wie sie jemanden beschimpfte, der noch nicht zwei Wochen unter der Erde war. Für meine Mutter war mein Vater ein Nichtsnutz, ein Idiot, ein armer Teufel, der uns hatte im Regen stehen lassen, unfähig, mit seinen Problemen fertigzuwerden; ich staunte, wie sie sich von der Situation distanzierte: seine Probleme, nur die seinen, ein Fremder, der an einem Baum hing. Mein Onkel unterbrach sie manchmal, bat sie, nicht so hart zu sein, sie solle versuchen, ihn zu verstehen; aber meine Mutter wurde noch lauter, benutzte Wörter, die mir immer weher taten. So habe ich davon erfahren und es Eva erzählt, bevor ich nach Madrid gezogen bin, nachdem ich die Aufnahmeprüfung bestanden hatte. Nach und nach habe ich meine Sachen zusammengesucht, nicht viele, und den Rest des Sommers bei Onkel Chico verbracht. Das hatte etwas Komisches. Die Metaphern, meine ich. Die Symbole. Meine letzten Tage in der Stadt in dem Haus zu verbringen, in dem ich die ersten Tage meines Lebens verbracht hatte.

Man muss zugeben, meine Mutter hat alles schnell und sauber erledigt. Sie akzeptierte die Niederlage und ging zurück auf Feld eins. Das ist das Einzige, was ich an ihr bewundere: die Würde, mit der sie das Kostüm der Neureichen abgelegt hat. Sie verkaufte die neue Wohnung und auch die, in der wir lebten. Wir verteilten uns auf die Wohnungen von Onkel und Tante – nur mit ihnen hatten wir Kontakt, von den älteren Geschwistern meiner Großmutter keine Spur –, bis die kleine Mietwohnung frei wurde. Wir kehrten ins Viertel zurück, in unser echtes Viertel: dem der Armen. Sie schlossen die Restaurants, verkauften Wohnungen und ein Lokal, beglichen fast alle Schulden und zahlten die restlichen nach und nach ab; bei meinem Auszug hatten sie immer noch ein wenig Schulden bei einer Bank. Das Restaurant im Viertel behielt mein Onkel. Und so waren meine Mutter, Eva und ich wieder in dem Leben, dem wir unbedingt hatten entfliehen wollen. Ende der Geschichte.

Ich erzähle dir das nicht, um Mitleid zu erwecken oder dir ein romantisches Bild von mir zu malen: ein reiches Mädchen, das eines Tages arm aufwacht. Ich habe nichts übrig für Sentimentalitäten. Mein Vater fehlt mir, aber mir fehlt auch etwas, was ich nie erlebt habe und was mir eigentlich zugestanden hätte: nicht arbeiten müssen, den Kühlschrank öffnen und ihn gefüllt vorfinden, die Ferien an Orten verbringen, die sich die Leute, denen ich begegne, nicht leisten können. Mir fehlt nicht mein Vater, nicht jenes Leben, sondern das Bild, das ich von meinem Vater hatte, und all das, was ich wegen seines Todes nicht erlebt habe. Mir fehlt der erfolgreiche Mann, der in der Zeitung war, den

seine Angestellten bewunderten, weil er Überstunden großzügig bezahlte, der selbst in dem Schreibwarenladen, wo
wir unsere Schulbücher kauften, Trinkgeld hinterließ. Ich
beneide die, denen es gut geht, und mich trösten die, denen
es schlecht geht, denn durch sie fühle ich mich nicht so
allein. Ich will kein Mitleid, weil ich es nicht verdiene. Ich
will dein Mitleid nicht, weil ich dich überhaupt nicht kenne,
ich kenne deine Geschichte nicht, wenn du willst, erzähl sie
mir, ich hör dir zu; am liebsten würde ich jetzt gehen, aber
um nach Hause zu kommen, muss ich mehrere Nachtbusse
nehmen, die erste U-Bahn fährt erst in einer Weile, und für
ein Taxi habe ich kein Geld. Ich bin hier in der Falle, mit
dir. Da hast du's: noch eine Metapher. Das Restaurant von
Onkel Chico? Ja, es ist offen. Meine Mutter arbeitet in der
Küche, und ich glaube, auch meine Schwester hilft dort seit
einiger Zeit aus. Der Onkel geht in fünfzehn, zwanzig Jahren in Rente, dann wird es wahrscheinlich eine von ihnen
übernehmen. Er wollte eigentlich Lehrer werden, das Abitur
nachmachen und studieren, aber er hat beschlossen, sich
um die Familie zu kümmern. Niemand hat es von ihm verlangt. Ich hoffe, dass ihm später Zeit bleibt und man ihn
ausruhen lässt. Nein, nie haben sie den Namen geändert ...
Es heißt immer noch *El Rincón de Carmen*. Was hast du erwartet, großes Kino und ein Happyend? Das Leben sieht
anders aus.«

# DER ÜBERFLUSS
Madrid, 1984

Von Dienstag bis Samstag klingelt der Wecker um halb sechs Uhr morgens. Montags hat sie einen Aufschub von dreißig, vierzig Minuten, denn am Wochenende haben Teresa und sie bereits die Papierkörbe geleert und die Büros gelüftet. Wenn das Wetter mitspielt – es nicht regnet, die Kälte noch erträglich ist –, bricht sie an manchen Tagen, obwohl sie eine zusätzliche Fahrkarte braucht, etwas früher auf und nimmt den Bus. Sie steigt bei Atocha um und genießt es, sich all die unterschiedlichen Städte anzusehen, die in ein und derselben Stadt leben. Matrjoschkas: weniger Viertel als Stadt in Stadt in Stadt, Häuser und Straßen im Bauch eines Wals. María denkt an ihr Viertel, an seine älteren Häuser, denkt auch an die drei- und vierstöckigen Neubauten, die gleichen roten Backsteinfassaden, bunt bedruckte Markisen, die dann zum Himmel emporwachsen, wenn man den Fluss hinter sich lässt und der Bus den Bahnhof ansteuert. Sie denkt an die ersten Treffen der Bürgerinitiative, zu denen Pedro sie eingeladen hatte, und wie seine Freunde

und andere forderten, das Viertel müsse hergerichtet werden, »würdig«, hieß es. Was für ein Panorama bieten das
Gefängnis, die Baracken, die unbebauten Flächen, fragten
sie sich. Da wurde María zum ersten Mal klar, wie man über
die Straßen sprach, in denen sie lebte. Hat man den Manzanares Richtung Zentrum überquert, werden die Häuser
feiner, Vergangenheit und Zukunft wechseln sich ab. Sie
denkt an ihre ersten Wochen in Madrid, als die U-Bahn sie
bei Oporto absetzte und sie zur Wohnung von Onkel und
Tante ging, auch daran, wie sie sich einmal in der Linie geirrt hatte, damals, als sie plötzlich in Alfonso XIII war und
kaum mehr nach Hause fand. Jetzt arbeitet sie bei Nuevos
Ministerios und nimmt die direkte U-Bahn, wenn das Wetter nicht mitspielt. Da es dort keine andere Aussicht gibt
als die Gesichter der anderen, nutzt sie die Zeit zum Lesen.
Laura, Conchitas Tochter, leiht ihr viele Bücher und ermun-
tert sie, sich einer der Gruppen anzuschließen, in denen sie
über die Themen diskutieren, die wichtig für sie, Loli und
Conchita sind, im Kreis von anderen Frauen. Bei meiner
Mutter habe ich es versucht, erzählt ihr Laura, aber keine
Chance. Auch nicht bei María: Sie hat panische Angst, man
könnte sie für neugierig halten oder, schlimmer noch, über
ihre Unwissenheit lachen. Als könnte bei ihrer ersten Wortmeldung jemand erraten, wer sie ist, woher sie kommt, wie
viel sie verdient, und den anderen zu verstehen geben, dass
ihre Meinung wenig taugt. Über die meisten Bücher, die sie
von Laura bekommt, hat sie entweder etwas gelesen oder im
Radio gehört. Immer wenn Laura anruft und ankündigt, sie
komme am nächsten Nachmittag vorbei, hat María wider-
sprüchliche Gefühle. Sie ist Laura für ihre Mühe dankbar,
denn sie bleibt nicht in der Bibliothek oder geht mit ihren
Kommilitoninnen etwas trinken, sondern fährt zu ihr, aber
sie hat auch das Gefühl, dass sie ihr als Laborratte dient.

María, die alleinstehende Mutter ohne Tochter, die Putzfrau, die Fragen stellt, erzogen von Laura, der Tochter von
Domingo und Conchita, Maurer und Hausfrau, die Erste in
ihrer Familie, die eine Universität betritt. Sie weiß nicht, ob
Laura Mitleid mit ihr hat oder ihr Gewissen erleichtern will,
denn mit jedem Stipendium, jeder bestandenen Prüfung
entfernt sie sich weiter vom Viertel. Vielleicht sollen ihre
Besuche erreichen, dass María sie an ihrem Herkunftsort
verankert, zu dem sie gehört und dem sie mit schlechtem
Gewissen entflohen ist, oder dass María sie bei den Knöcheln packt, damit sie nicht davonfliegt. Was für ein nettes
Märchen.

Mit ihrer Kollegin Teresa teilt sie sich die Büroräume
auf; zuerst putzt María die Einzelbüros, bevor die Chefs
kommen, später dann – wenn die Schreibmaschinen an-
geworfen werden, es Sitzungen gibt, im Hintergrund die
Nachrichten laufen – widmen sie sich den Gemeinschafts-
bereichen. Sie arbeitet gern mit Teresa, denn sie unterhalten sich, ohne die Nase in das Leben der anderen zu stecken.
Hin und wieder erwähnt sie Pedro, die Telefongespräche mit
ihrem Bruder Chico, erwähnt wohlweislich nicht Carmen.
Sie weiß, dass Teresa aus einem Dorf bei Granada stammt,
dass sie in Colmenar wohnt und im Februar zum zweiten
Mal heiratet, obwohl sie den Monat schrecklich findet. María arbeitet gern. Wenn die U-Bahn Sáinz de Baranda und
Conde de Casal hinter sich lässt, hört sie Frauen, die über
den Putzmittelgeruch klagen, über die rissigen Hände; zwar
schmerzen ihre auch, doch empfindet sie eine Art Stolz
beim Putzen. Mit der Zeit hat sie ihren Beruf schätzen gelernt: in Ordnung bringen, was andere schmutzig machen.
Es gefällt ihr, die Flecken auf dem Boden wegzuwischen, die
Fenster wieder aufzuhellen. Sie fühlt sich nützlich dabei
und glaubt, dass sie gut darin ist. Es gefällt ihr, dass ihre

Hände das ermöglichen, es gefällt ihr, mechanische Bewegungen zu wiederholen, an gar nichts zu denken, Raum für Raum; manchmal sieht sie zu, wie der Schaum im Wasser hochsteigt oder wie sich mit leichtem Schwung die Waschlauge verteilt. Sie schätzt es, wenn man ihr dankt, auch wenn sie weiß, dass sie für die meisten unsichtbar ist. Wer achtet schon auf diesen Frauenkörper, der mit jedem Jahr breiter wird, zwei Arme, zwei Beine, ein Gesicht, anonym im Arbeitskittel? Sie ist sich selbst genug und fühlt sich gut bei dem, was sie tut. An manchen Nachmittagen ruft das Unternehmen an, damit sie für jemanden einspringt oder für einen neuen Kunden probeputzt. Immer nimmt sie an, denn allein kommt sie schwer über die Runden mit Miete, Essen, all den Rechnungen, und auf die hohe Kante will sie auch etwas legen. Sie schickt immer weniger Geld für Carmen; das wirft ihr die Mutter vor, der die Witwenpension nicht reicht, und sie ahnt, dass Chico – das Haar nachgedunkelt, nun zwei Köpfe größer als sie – hilft, wo er nur kann, im Rahmen seiner Möglichkeiten. Wenn sie nicht angefragt wird, nicht zu einem der Büros in García Noblejas fahren muss, folgt sie ihrer üblichen Routine: Sie trifft sich mit Loli und Conchita oder begleitet Pedro zu den Versammlungen, und wenn sie mag, geht sie anschließend mit auf ein Bier. Die Freunde haben sich an ihre Gegenwart gewöhnt, und Alfonso überredet manchmal seine Frau, sich ebenfalls anzuschließen. Sonst ist María schweigsam, in dem Fall aber – mit einer weiteren Frau – spielt sie die Rolle, die man von ihr erwartet: Anekdoten über Mutterschaft und Erziehung, Küchen- und Schönheitstipps. Die Samstagnachmittage behält sie für sich, geht manchmal im Zentrum spazieren oder bleibt zu Hause und liest, sonst nichts. Sonntags isst sie mit Pedro zu Mittag, allein bei sich zu Hause oder mit ihrer Cousine und ihrem Mann, manchmal auch bei Pedro, mit seiner Mutter und seinem Bruder. Das Ambiente dort deprimiert María, sodass sie es vermeidet. Nach dem Essen schlafen sie miteinander, dann sehen sie fern oder unterhalten sich ein wenig – er greift die Diskussionen in der Versammlung auf, damit María ihre Meinung sagt, zumindest ihm gegenüber –, bald geht er, um Abendessen zu machen. Nie haben sie sich etwas anderes vorgenommen. María weiß, dass Pedro sich erst um den Vater kümmern musste, der inzwischen gestorben ist, nun um die Mutter, die ihn überlebt hat, und schließlich um den jüngeren Bruder, und sie weiß auch, dass sie nicht bereit ist, das zu übernehmen; beide leben sie in der eigenen Wohnung und sehen sich wenigstens zweimal die Woche. Einige ihrer Freunde haben sie »die Modernen« getauft. María steht jeden Morgen früh auf, außer sonntags. So geht es seit Jahren, seit sie in der Reinigungsfirma arbeitet, seit sie Pedro kennengelernt hat, glücklich mit ihrer Wohnung: Wohnzimmer, Schlafzimmer und Balkon auf eine Straße, die in eine andere Straße mündet, die in eine andere Straße mündet.

Als das Telefon zum ersten Mal klingelt, wird sie ihn bitten, nicht dranzugehen, er soll bleiben, wo er ist, reglos, nackt, bäuchlings. Sie kennt keine anderen Körper, nur den von Pedro und Carmens Vater, und an den ihres Freundes hat sie sich gewöhnt: Für den Fall, dass Pedro auf der Plaza einen Motorradunfall hat, für den Fall, dass sie den Leichnam ihres Freundes identifizieren muss, hat María jedes Muttermal, jeden Leberfleck auswendig gelernt. Ein dunkelbrauner Kreis mitten auf dem rechten Schenkel, drei Muttermale in der linken Kniekehle. Auf die blickt sie gerade. Wenn jemand bei mir anruft und ich nicht rangehen will, erklärt María, musst du es auch nicht. Chico weiß, dass es Pedro gibt, und Pedro weiß, dass es Carmen gibt, Chico, Soledad, die Mutter, die älteren Brüder, aber María findet, sie müssen keine Gesichter zuordnen, nicht ihre Stimmen kennen, sich niemals begegnen, und dieser Anruf und Pedros Reaktion bringen ihre Pläne und Erwartungen durcheinander. María weiß es nicht, ahnt jedoch, dass es Chico ist. Sonntagabends telefoniert sie mit ihrer Tochter, und ihr Bruder ruft manchmal sonntagnachmittags bei ihr an, wenn er von der Arbeit nach Hause kommt, mitunter lässt sie es klingeln und ruft später zurück. Chico ist nie verärgert, immer strahlt er Begeisterung aus. Dennoch ist María beunruhigt, als das Telefon erneut zu hören ist – nach der Zeit, die man zum Auflegen und nochmaligen Wählen braucht –, Pedro springt aus dem Bett, ist mit ein paar Schritten im Wohnzimmer und antwortet.

Im Bett denkt María, als das Klingeln aufhört und Pedro erst einmal nichts sagt, dass sie an diesem Wochenende glücklich gewesen ist; heute vielleicht ebenso wie an jedem Sonntag, gestern aber ganz besonders. Am Samstag war sie zur gleichen Zeit wie immer von der Arbeit gekommen, hatte in aller Ruhe Mittagessen gemacht – gebratenen Fisch, Salat, etwas Obst – und eine kurze Siesta gehalten, kaum länger als zwanzig Minuten auf dem Sofa. Sie ließ sich Zeit fürs Herrichten: ein Bad, ein hübsches Kleid – vielleicht hätte sie es besser für heute aufbewahren sollen, damit Pedro die Farbe bewundert, den Fall des Rocks –, Make-up wie seit zwei Jahren üblich: die Brauen betont, die Lippen rot. Sie nahm die U-Bahn bis Callao und klapperte auf der Gran Vía die Kinos ab, fand aber keinen Film, der sie überzeugt hätte; sie ließ Plaza España hinter sich und ging bis zum Kino Rosales. Sie hatte schon etwas von dem Regisseur gesehen, vielleicht bei den Veranstaltungen der Bürgerinitiative oder zu Besuch bei Chico. Begleitung wollte sie nicht, denn sie wusste, dass es niemanden interessierte, und keiner sollte erfahren, dass sie allein ging, damit man keine Angst um sie hatte oder Mitleid; im Notfall log sie. Der Film hatte sie nicht begeistert. Bei Geschichten, die andere erfanden, entdeckte sie schnell die losen Fäden, unmotiviertes Verhalten, einen Handlungsverlauf, der sich nicht so entwickelte, wie es dem wirklichen Leben entsprach.

»Dein Bruder José María ist dran.«

José María, wunderte sie sich und suchte nach einem Nachthemd oder Kleid zum Überwerfen, als könnte ihr Bruder aus einer Entfernung von dreihundert Kilometern ahnen, dass sie nichts anhatte. Ihr kleiner Bruder war am 19. März auf die Welt gekommen, und so hatten sie ihn José genannt, nach dem Heiligen des Tages – obwohl es auch der Name des ältesten Bruders war –, und María nach ihr, der Patin.

»Ich war gestern im Kino, Chico. Ich habe einen Film gesehen, der hat mir nicht gefallen, *Fanny und Alexander* hieß er. Es fiel mir schwer, zu glauben, dass all das einer einzigen Figur passieren kann. Wie wenn du einen Roman liest, und alles Unglück konzentriert sich auf den Protagonisten, damit du ihn auch ja sympathisch findest. So ist das Leben nicht. Vermutlich trägt jeder sein Quäntchen Unglück, von der Wiege bis zum Grab, das ist nur gerecht. Dass dir etwas Schlimmes passiert, und gleich darauf etwas Gutes, zum Ausgleich. Ich habe an mich gedacht, als ich mit der U-Bahn nach Hause gefahren bin. Das mit Carmen ist passiert, aber ich bin zufrieden, ruhig. Und so wird es wohl weitergehen, das ist normal, oder? Ich habe auch gedacht oder denke jetzt, da ich mit dir rede, dass die Leute diese Tragödien brauchen, sonst haben sie nichts zu erzählen.«

»Mit wem warst du im Kino? Mit Pedro?«

»Nein, er war nicht dabei. Ich war mit Laura, der Tochter einer Freundin. Die auf der Universität.«

»Wie geht es sonst, María?«

»Gut, wie immer. Es war eine ganz normale Woche: arbeiten, ein paarmal ausgehen. Heute ein Sonntag wie immer: Pedro ist hier, abends rufe ich bei Mama an und spreche mit Carmen. Und bei dir, Chico?«

»Auch gut. Die Woche war ein wenig anders als sonst. Hör mal, María. Ich reiche dich an jemanden weiter, der dir etwas sagen möchte. Nachher reden wir.«

Obwohl sie alle Fotos von ihrer Tochter in einer Schublade verwahrt hat, sieht sie sich seit einigen Monaten immer wieder das jüngste an, das Chico für sie auf einem Strandausflug aufgenommen hat. Einer ihrer älteren Neffen hatte sie im Auto an die Küste mitgenommen. Carmen, Chico und ihre Mutter waren in aller Frühe aufgestanden, sie mieteten zwei Liegen bei einer Strandbar in Fuengirola und wechselten sich den Tag über darauf ab. Chico wollte sie verwöhnen und reservierte einen Tisch, und so steckten sie die Sandwichs wieder ein, die Carmen vorbereitet hatte, und aßen zu Mittag frittierten Fisch, löffelten gehackte Tomaten und tunkten Brot in Öl. Ihre Mutter ließ sich überreden, mit den Füßen ins Wasser zu gehen, und der Junge brachte Carmen das Schwimmen bei, zumindest erreichte er, dass sie sich ohne Risiko ein Stück vom Ufer entfernte. Um sechs Uhr abends fuhren sie wieder nach Hause, damit sie auf dem Rückweg nicht die Dunkelheit überraschte. Soledad bereute es, nicht mitgekommen zu sein, und warf es sich tagelang vor.

María war ein paar Wochen später zu Besuch gekommen, in ihren Ferien, und Chico hatte ihr davon erzählt und die Fotos gezeigt. Die Mutter in einem weiten, geblümten Kleid unter dem Strohschirm; der Neffe hält einen Schläger hoch, der kaputt ist, was ihm aber nichts auszumachen scheint, umarmt die Großmutter von hinten oder leckt sich nach den Sardinen die Finger. Ein ungeschicktes Foto von Chico, das Carmen gemacht hat: Ihr Bruder ist nun schon ein Mann von fast dreißig und verschränkt die Arme, um die Fettpolster auf der Brust zu verbergen; ihre Tochter hat ihn auf Kniehöhe abgeschnitten. Für María ist Chico ein Mysterium: Seine ganze Freizeit verbringt er im Kino und jetzt – seit einem Jahr, einem guten Jahr – mit dem Fotografieren. Seine Mutter wirft ihm vor, er habe fürstliche Vorlieben, und er stimmt ihr zu, denn mehr, als ihm lieb ist, gibt er für Eintrittskarten und Entwicklung aus. María hat gelernt, sein Glück zu respektieren, das sie nicht versteht.

Von diesem Tag gibt es Fotos von Carmen, vor allem von ihr. Carmen und ihr Cousin am Ufer, Carmen, die sich mit einem Handtuch abtrocknet und den Schatten der Liege sucht, Carmen, die sich vor der Kamera des Onkels beschwert, vielleicht, weil sie keine weiteren Fotos will: Sie hebt den linken Arm und zeigt die Zähne, ein Vorwurf aus ihrem Mund. Auf diesem Foto und den nächsten – Carmen, die im Sand kniet, mit ihrer Großmutter redet, oder Carmen, die allein den Strand entlanggeht; María mag die lieber, die Chico unbemerkt schießt – hat Carmen sich in eine erwachsene Frau verwandelt. María hat das Gefühl, dass diese Geste, der wütende Wunsch, von niemandem beobachtet zu werden, den Abschied ihrer Tochter von der Kindheit markiert, ohne dass sie je Teenager gewesen wäre. Sie schaut sich die vorigen Bilder an. Ihr scheint sogar, dass Carmens Gesichtszüge auf den letzten härter geworden sind, ihre Hüften breiter, die Brüste runder. In ihrem Blick, niemals begeistert oder auch nur naiv, wird jetzt die Bitternis wach.

Seit man sie vor ein paar Jahren in einer Bar – eines Nachts, eine Unbekannte – nach ihrer Tochter gefragt und sie Carmens Alter falsch angegeben hat, um ihr eigenes bei der Entbindung zu verschleiern, und sie nicht beschreiben wollte, weil sie zwar wusste, dass sie die kleinen, dunklen Augen ihres Vaters hat, jedoch nichts über das Gesicht oder ob sie das Haar lieber offen trägt, geht María manchmal zu der Schublade mit den Fotos – im Wohnzimmer, ein Schrank für Unterlagen und Erinnerungen – und sieht sich das Bild an, das ihr Chico geschenkt hat. Es gehört zum letzten Teil des Tages, als Carmen nicht mehr Carmen ähnelt oder nicht der Carmen, die sie zu kennen glaubt, sondern einer Frau, die bald für sich allein leben wird. Carmens Haar ist noch nass, denn sie ist im Meer untergetaucht und hat es nun in einem improvisierten Knoten hochgesteckt: ein Pferdeschwanz, den sie um sich selbst gewickelt und mit einem Haargummi befestigt hat. Die Bikiniträger hat sie nach unten geschoben, damit sie keine Streifen hinterlassen, und obwohl man sie von vorn sieht, blickt sie nicht in die Kamera, sondern hört jemandem zu. Nach der Folge der Fotos zu schließen, den beiden vorhergehenden, redet sie vermutlich mit ihrem Cousin, der wohl hinter Chico steht. Da sind die Augen, winzig, die kaum zu mehr als zum Sehen taugen, die Augen des Vaters, die María – ob sie will oder nicht – in jedem Gesicht wiedererkennen würde, das ihr begegnet. Da sind die breiten Brauen, da ist die leuchtend weiße Haut. Auf dem Abzug kann man es nicht erkennen, aber ihr Gedächtnis zeichnet die blauen Linien auf Carmens Arme. Die Nase setzt gleich unterhalb der Brauen an, mit schmalem Rücken und breiter Spitze, eine seltsame Trichterform. Die Lippen sind üppig. Die Ohren eng anliegend, das Haar hellbraun, sehr fein, María erinnert sich, wie vorsichtig sie es gekämmt hatte. Das Gesicht ist kantig, die Stirn breit, die Gesichtszüge markant. Sie ist etwas über eins sechzig groß, weder dick noch schlank, der Busen ist im letzten Jahr beträchtlich gewachsen. Diese Beschreibung wiederholt sich María alle zwei, drei Tage laut, damit sie es nicht vergisst. Über Carmens Inneres weiß sie wenig. Sie reden kaum mehr als fünf Minuten jeden Sonntagabend, und wenn María zu Besuch kommt, will sie etwas mit ihr unternehmen, doch Carmen lehnt am Ende immer ab, sie habe Kopfschmerzen oder bleibe lieber zu Hause. Chico findet es schade, dass sie keinen Sinn für Humor hat, dagegen sei sie sehr reif für ihr Alter. Diesen Sommer hat sie die Schule aufgegeben, sie lernt nicht gern, und im September im Kaufhaus im Zentrum angefangen. Auf dem Weg von der Arbeit kommt sie bei Chico im Restaurant vorbei, vertreibt sich die Zeit vor einem Glas Wasser, und sie gehen zusammen nach Hause, er zu sich, sie an manchen Abenden ebenfalls. María sähe es gern, wenn sie ihr Gehalt sparte, in der Hoffnung, dass sie später einmal wieder zur Schule gehen, ein Geschäft gründen will, in dem sie niemand herumkommandiert.

Heute ist Montag. In der Nacht hatte sie nicht einschlafen können, ja kaum die Augen zubekommen. Pedro war nach Hause gegangen, um nachzusehen, ob alles in Ordnung war, denn er misstraute den Worten seiner Mutter am Telefon, doch nach dem Abendessen fuhr er wieder zu María, um ihr Gesellschaft zu leisten. Bis nach Mitternacht harrte er an ihrer Seite aus. Er schlief nicht dort – nie hat er bei ihr übernachtet, María ist noch an keinem Morgen neben einem Mann aufgewacht –, doch er blieb schweigend neben María, erst auf dem Sofa, Hand in Hand, dann auf dem Bett, ein Versuch, sie zur Ruhe zu zwingen. Ein Aufschluchzen setzte das Weinen fort: María, die nicht geweint hatte, als Irene gestorben war, nicht geweint hatte, als ihr Vater gestorben war, hörte nicht mehr auf zu heulen. Pedros Anruf kam dem

Wecker um zwei Minuten zuvor. Ich habe nicht geschlafen, sagte sie zum Gruß, und ich habe nicht geschlafen, war seine Entgegnung. Wie fühlst du dich, María? Gut bestimmt nicht, aber es wird schon vorbeigehen, immer geht alles vorbei. Gleich muss ich in die Arbeit. Ich auch. Ich rufe dich an, sobald ich wieder zu Hause bin. Dann bin ich da. Du musst nicht kommen. Ich habe heute Conchitas Tochter zum Kaffee eingeladen, ich will ihr ein paar Bücher zurückgeben. Es wird mir guttun, wenn jemand kommt, der nicht weiß, was geschehen ist. Einen Kuss. Und einen für dich. Obwohl sich die Oktobersonne milde zeigt, María sich schon früh fertiggemacht hat – derselbe Arbeitskittel montags bis samstags, blaue Hose, weites weißes Hemd, Turnschuhe, damit sie so lange auf den Beinen durchhält – und sich rote Ampeln, eine Verzögerung beim Umsteigen am Bahnhof leisten könnte, obwohl all das gegeben ist, hat sie es heute nötig, an nichts zu denken, braucht etwas, was Routine erfordert, keine Aufmerksamkeit. Sie nimmt die U-Bahn, bringt es nicht fertig, zu lesen, und hört sich die Gespräche der anderen Frühaufsteher an: Kurzberichte vom Wochenende, das Mittagessen mit der Familie am Sonntag, die Schulprobleme der Kinder. Sie überlässt ihren Sitz einer Schwangeren und nutzt die Gelegenheit, um ans andere Ende des Wagens zu gehen: die gleichen Dialoge zwischen Kollegen, Sitznachbarn, die sich nach Morgen für Morgen kennen. Dieses Panorama lebendiger Wesen kommt ihr merkwürdig vor, so anders als das Panorama, das der Bus ihr geboten hätte: von den nützlichen Gebäuden zu den schönen, ein paar Denkmäler, der Wechsel zu den Hochhäusern, wie eine Reise durch die Zeit, hin und zurück und wieder hin. Manche Gesichter kommen ihr natürlich bekannt vor: eine Frau, die ein paar Nummern weiter wohnt und die sie gewöhnlich beim Fleischer sieht, ein Mann, der jemandem aus der Anfangszeit der Bürgerinitiative ähnelt, vielleicht ist er es, vielleicht sein Bruder; die Gesichtszüge sind gleich, aber er erkennt sie nicht oder will sie nicht erkennen. Sie hat gelernt, das Bedürfnis der anderen nach Schweigen zu respektieren. Vielleicht hat der Mann dieses Bedürfnis; sie jedenfalls hat es.

Das Bürogebäude erreicht sie früher als Teresa. An die fünfzehn, zwanzig Minuten, wie sie schätzt, als sie die U-Bahn-Station verlässt, doch die Uhr in der Eingangshalle zeigt, dass es etwas mehr ist. Sie beschließt, schon einmal anzufangen, und wenn sie fertig ist, einen Teil von Teresas Arbeit zu übernehmen. Mit einem Wedel entfernt sie den spärlichen Staub der letzten beiden Tage von den Aktenschränken, rückt mit Wasser und Seife dem Kaffeering zu Leibe, den eine Tasse auf dem Tisch hinterlassen hat. Sie sieht sich die Schreibtische an, hier und da ein gerahmtes Familienfoto, sonst sind sie meist zum Verwechseln ähnlich: Schreibmaschinen – in einem der Unternehmen elektrische: sie wischt vorsichtig darüber, um sie nicht zu beschädigen –, Papier und Kugelschreiber, Mappen, Aschenbecher. Sie öffnet ein paar Fenster und ist dankbar für die frische Luft; sie atmet den Zitronenduft des Bodenreinigers ein, wischt zu Ende, was sie am Samstag nicht mehr geschafft hatte. Als María mit ihrem Teil fertig und Teresa noch nicht aufgetaucht ist, räumt sie den Reinigungswagen weg und schließt sich im Abstellraum ein und weint. Sie weint sonst kaum, fast nie. Sie hatte nicht geweint, als sie Carmen bei ihren Eltern zurückgelassen hatte und nach Madrid gezogen war; auch nicht, als sie einmal entlassen worden war. Gestern Abend hatte sie schüchtern in Pedros Gegenwart geweint, hatte sich nicht verletzlich zeigen wollen und den Tränen erst, als er gegangen war, freien Lauf gelassen, vielleicht würde sie ja vor lauter Erschöpfung ein wenig Schlaf finden. Aber nein.

Sie hat sich wieder beruhigt, als Teresa erscheint. Marías Augen sind gerötet, die Augenringe der schlaflosen Nacht hat sie nicht überschminken können. Teresa fragt, ob alles in Ordnung sei, ob sie ein Problem habe. María bietet an, sie von Büro zu Büro zu begleiten, bis die Angestellten kommen und sie sich die Gemeinschaftsbereiche vornehmen müssen, wo sie nicht stören. Teresa trällert, vermeidet die Stille, sie reiht eine Anekdote an die andere, hüpft durch die Zeiten, will sie unterhalten. Vor ein paar Wochen ist sie durchs Stadtzentrum spaziert, da hat ihr der Wind aus einem Lüftungsgitter den Rock hochgeweht, und ihre Unterwäsche kam zum Vorschein; sie hatte einen Lindenblütentee trinken müssen, um sich zu beruhigen. María ist dankbar für Teresas Bemühen, zwingt sich zu einem Lächeln, damit ihre Kollegin sich entspannt. Während sie Gänge und Eingangsbereiche putzen, im Hintergrund die Stimmen aus den Radios, schweigen beide, hin und wieder kommentiert eine die Nachrichten, die andere nickt. Als ihr Arbeitstag zu Ende ist, verabschieden sie sich. María schiebt ihren Wagen in den Abstellraum, da spürt sie Teresas Hand auf der Schulter.

»Du sollst mir nicht erzählen, was passiert ist; ich will nicht, dass du es mir erzählst. Aber ich bin da, was immer du brauchst.«

Diese Worte nimmt María als Redensart, nicht als aufrichtiges Angebot. Von Teresa weiß sie wenig, und sie über María so gut wie gar nichts. Was für einen Sinn hätte es, ihr von dem gestrigen Anruf zu erzählen, zu beschreiben, was sie gehört und empfunden hat? Wie sollte Teresa sich in sie einfühlen können, wenn sie nichts über die Figuren in ihrer Geschichte weiß? Soweit sie sich erinnert, hat sie Carmen nie erwähnt. María müsste ganz von vorn beginnen, als sie gerade sechzehn geworden war und gemeinsam mit Soledad für eine Schneiderwerkstatt nähte: von früh bis spät, Faden, Nadel, Präzision, nichts von wegen Nähmaschinen. Eines Tages war Chico mit hohem Fieber aufgewacht, und die Mutter fürchtete, es könne schlimmer werden, wenn er sich auf den Weg zum Abgeben und Abholen machte, also musste María bis zur Hauptstraße gehen und den Bus ins Zentrum nehmen, damit sie pünktlich lieferten und nicht den Lohn des Tages verloren. Ihre Welt beschränkte sich bis dahin auf eine einzige Straße. Es gab eine unsichtbare Grenze, zwei, drei Querstraßen weiter, die sie höchstens überquert hatte, um in die Schule zu gehen – die hatte sie vor ein paar Jahren aufgegeben –, und jetzt nur am Arm ihrer Mutter überschritt. Im Bus setzte sich ein Mann neben sie, dessen dunkle, winzige Augen ihre Neugier weckten. Sie antwortete auf seine Fragen: Ich heiße María, bin sechzehn, ja, ich lebe in dieser Straße, Nummer fünfzehn, mit meinen Eltern und zwei kleineren Geschwistern, die älteren haben geheiratet und leben woanders. Auch an den nächsten Tagen, als Chico noch im Bett lag und sie für ihn die Wege übernahm, setzte sich der Mann neben sie und fragte weiter: Ich nähe schon gern, es vertreibt die Zeit, aber ich möchte nicht mein ganzes Leben damit verbringen, später versuche ich es vielleicht mit einer anderen Arbeit; nein, länger zur Schule zu gehen, ist mir nicht in den Sinn gekommen, ich dachte, das kommt nicht in Frage, bei mir zu Hause ist das Geld willkommen, aber mein kleiner Bruder ist ein guter Schüler. Als es Chico besser ging, sah María den Mann aus dem Bus wieder, als sie eines Morgens mit ihren Geschwistern zum Kirchplatz ging, um sich zu sonnen. Der Mann lud sie mehrmals zu sich nach Hause ein, und María lehnte nicht ab. Beim letzten Mal war es schon kalt geworden. Chico fasste während der letzten Monate gern an ihren Bauch, um zu spüren, wie das Baby sich bewegte. Als

Carmen auf die Welt kam, eröffnete Marías Vater ihr, sein Bruder in Madrid habe eine Arbeit für sie gefunden. María sagte auch da nicht nein. Bei ihren ersten Besuchen zu Hause erklärte sie, sie wolle noch etwas mehr Geld sparen, etwas Eigenes mieten, Carmen zu sich nehmen. Anfangs überredete Chico sie, den Eltern nichts davon zu erzählen; nach ein paar Jahren wagte sie es, das Thema aufzubringen, aber ihre Mutter ließ es nicht zu. Was bedeutete sie schon für Carmen? Sie war jemand, der zwei, drei Mal im Jahr auftauchte, abwesend bei ihren Krankheiten, bei ihren Freuden, abwesend in all den Erinnerungen, auf die sie als Erwachsene zurückgreifen würde. Und was bedeutete Carmen für sie? Ihre Mutter kümmerte sich tagaus, tagein um sie. Wer würde sich in Madrid um Carmen kümmern, wenn María arbeitete? Wie würde sie erst ein Kleinkind, dann ein kleines Mädchen, schließlich eine Teenagerin in ihren Tagesablauf einbauen? María kam immer wieder darauf zurück, zu Weihnachten, in den Sommerferien; sie fragte, wie viel Geld – wie viel mehr Geld – wohl nötig wäre, damit ihre Tochter bei ihr leben konnte. Sie rechnete, sparte. Beim letzten Mal – nun mit genügend Geld für ein gemeinsames Leben – sagte ihre Mutter, Carmen wolle lieber hierbleiben, bei ihnen. Würde sie all das Teresa erzählen, würde sie verstehen, weshalb sie weint? Sie will den Anruf nicht erwähnen, die Geschichte, die Carmen ihr erzählt hat, kennt sie bereits, sie hat sie, zwei Jahre älter als sie, selbst erlebt. Nicht das bekümmert sie am meisten, denn sie geht davon aus, dass auch ihre Tochter die Konsequenzen tragen, sich ein Hochzeitskleid leihen und die Fotos von diesem Tag in eine Schublade stecken wird, damit man ihren Bauch nicht sieht. Was sie bekümmerte, war der Tonfall, der Schlusssatz, die Art, in der sie sich von ihr verabschiedet hatte. Sie könnte etwa sagen:

»Sie hat mich ›María‹ genannt, Tere. Nicht ›Mutter‹, nicht ›Mama‹, sie hat mich beim Vornamen genannt. Ich solle ja nicht auf die Idee kommen, dort aufzutauchen, denn das sei ein wichtiger Tag für sie, und es habe keinen Sinn, dass ich Interesse vortäuschte, wenn ich nie welches gehabt hätte.«

Doch María fällt es schwer, all das zu sagen, so auf einmal, denn bisher hat sie mit Teresa nur Oberflächliches beredet, ohne Raum für Vertraulichkeiten. Ihr davon zu erzählen, würde sie zwingen, dieses Verhältnis genauer zu beschreiben, ihr anzuvertrauen, wie ihre Beziehung zu Carmen aussieht, die Hochzeit, die Entbindung. Wird sie davon erfahren? Wird Carmen sie anrufen und ihr davon erzählen? Wird es Chico tun? Sie hofft von ganzem Herzen, dass Carmen einen Jungen bekommt.

María lächelt Teresa an, umarmt sie und antwortet, danke, vielen Dank. Sie schiebt den Wagen in die Abstellkammer und beeilt sich, damit sie etwas früher als ihre Kollegin wegkommt und allein zum Ausgang gehen kann. Nicht nachdenken, darum wird sie sich auf dem Rückweg bemühen, und wird doch unentwegt denken: an das Gespräch mit Carmen, an Chicos Entschuldigung, weil er nichts geahnt hatte, an Pedros ungeschickte Versuche, sie zu trösten. In der U-Bahn erzählt eine Frau einer anderen, ihre Tochter sei schwanger, sie werde in fünf Monaten Großmutter. Nun, ich nicht, möchte María am liebsten antworten, doch sie unterlässt es, aus Angst, man könnte sie für verrückt halten: Du glaubst nicht, was mir heute Nachmittag in der U-Bahn passiert ist. Schweigen und so tun, als wäre alles normal, ist der beste Weg, um zu vergessen. Zu Hause isst sie zu Mittag, wartet auf Lauras Besuch, sie reden über das eine oder andere. Und schließlich bittet María:

»Kannst du mir einen Roman empfehlen? Oder einen

Band mit Erzählungen. Über dieselben Themen, über die wir gerade lesen.«

Ich will mich mit schlimmeren Geschichten als der meinen trösten.

Im Grunde geht es um Geld: um den Mangel an Geld. Jede einzelne Situation, die María an diesen Punkt gebracht hat – dieser Punkt heißt Wohnung aus Wohn- und Schlafzimmer in Carabanchel, U-Bahn bis Nuevos Ministerios –, hätte sich mit Geld ganz anders entwickelt. Sie, Soledad und Chico hatten die Schule aufgegeben, weil die Familie Geld brauchte; des Geldes wegen war sie an einem Vormittag für ihren kranken Bruder eingesprungen, damit ihr Tagewerk nicht umsonst gewesen war. Hätten ihre Eltern Geld gehabt – die Gesundheit, um welches zu verdienen, Geld, um sich Gesundheit zu leisten –, hätte sie dann den Mann im Bus kennengelernt? Sie wären durch dieselben Straßen gegangen, wären einander im Lebensmittelladen begegnet, wenn's hochkommt, an einem Sonntag in der Bar ihres Bruders. Aber mit Geld, ohne den Mangel an Geld, hätte sich María damals um die Zeit auf den Weg in die Schule gemacht, von einer großen Wohnung aus, mit einem Zimmer für sich allein. Des Geldes wegen hatte sie frühzeitig ihr Elternhaus verlassen, beim Sohn einer anderen den Geruch ihrer Tochter suchen müssen. Die Wohnung, in der sie lebt, ist die Wohnung, die sie bezahlen kann, nicht die, in der sie gern leben würde, und ihre Arbeit ist die, die sie erwarten darf, da sie ist, wer sie ist, mit dem Geld, das sie verdient. Was sie nicht erlebt hat, das hat sie des Geldes wegen nicht getan; aus Mangel an Geld. Die Reisen, die sie nicht unternommen hat, die Kleider, die sie lieber nicht gekauft hat, die Mittagessen, die sie für Pedro und sich selbst gekocht hat, um ein wenig zu sparen. Das Geld, das sie ihrer

Mutter geschickt hat, war nicht genug, um Carmen zufrie-denzustellen; vielleicht hielt sie es für zu wenig, vielleicht wird sie nicht – auch später nicht – verstehen können, dass ihre Abwesenheit genau diesen Grund hatte: das Geld. Aber auch darum geht es: eine Frau zu sein. Als sie ein Mann im Bus ansprach, hatte sie geantwortet, weil sie Schweigen für schlechte Erziehung hielt. Die Schwangerschaft verbrachte sie zu Hause, verborgen, nähte im Hof, damit sie ein Stück-chen Himmel erahnen konnte. Was hatte er unterdessen getan? Er verlegte sein Leben: seine Familie, seine Arbeit, er fing in einem anderen Viertel wieder bei null an. Sie muss in dunklen Nächten, auch wenn es noch nicht allzu spät ist, schnell zu ihrer Haustür laufen, hat jahrelang auf Sitzungen geschwiegen und ihre eigenen Argumente, ihre Ideen mit Pedros Stimme gehört.

María denkt an Dinge, die man kaufen kann: an Dinge, die sie kaufen kann, ohne dass jemand misstrauisch wird, wenn eine Frau dafür bezahlt. Die Jahreskarte, um in die Arbeit zu fahren und wieder nach Hause. Ein bequemes Sofa. Die Waschmaschine. Den Kühlschrank. Das Essen: das gekaufte Essen und im Grunde auch das nicht gekaufte, des Preises wegen. Die Bier, die sie nach den Sitzungen trinkt, wenn Pedro oder einer der Freunde nicht bezahlt. Das Un-behagen, wenn jemand verkündet, er gebe eine Runde aus, denn das bedeutet, dass sie später ebenfalls für eine ganze Runde zahlen muss. Einen Blumenstrauß für sich selbst, vor ein paar Tagen. Auch die Pflanzen: Sie wachsen mit Wasser und Sonne, doch sie hat sie gekauft, die Samen, die kleinen Tontöpfe, die sie eines Tages gern anmalen würde; mit Zeit und Geld. Mit Geld kann sie all das bezahlen, mit Geld kann sie alles erreichen. Mit Geld bezahlt sie Monat für Monat die Wohnung, in der sie allein lebt und in der Pedro sie manch-mal besucht. Ohne Geld würde sie bei ihm leben müssen, in der Wohnung seiner Eltern, müsste sich um seine Mutter und seinen Bruder kümmern, abhängig vom Lohn, den sie ihr zugestehen, und von ihrer forcierten Liebenswürdigkeit. Ihr Geld hat María geteilt, seit sie etwas verdient. Ihrer Mutter gab sie alles, was man ihr in der Schneiderwerkstatt bezahlte. Auch beim Gehalt ihrer ersten Anstellung: etwas für Onkel und Tante, für das Zimmer ihrer Cousine, den Rest wieder für die Mutter, für Carmen mit den gleichen dunklen Augen des Mannes im Bus. Nur ein klein wenig behielt María für sich, um zu ihnen zu fahren, sich hin und wieder etwas zu kaufen. Egal was, einerlei, sie wollte nur das Possessivpronomen erobern, mein Rock, meine Ohrringe. Als sie etwas besser verdiente, beschloss sie, eine Wohnung für sich allein zu suchen, winzig, kaum mehr als ein Zimmer in derselben Straße, in der sie jetzt lebt, sie hatte Glück, dass Leute aus der Extremadura und aus Andalusien in ihre Dörfer zurückkehrten. Es nutzte zwar, dass ihr Chef ihr Seriosität und Anständigkeit bescheinigte, aber sie mietete sie mit Geld; auch das Geld beweist unsere Seriosität, unseren Anstand. María schickte weiterhin Geld nach Hause, fand eine Arbeit, die nicht besser war, doch ein wenig mehr abwarf, mietete eine etwas größere Wohnung: Wohnzimmer, Schlafzimmer, Küche und Bad. Sie möchte sich später ihr eigenes Dach über dem Kopf kaufen, unter dem sie sterben wird, aber sie muss für die erste Rate sparen. Wenn sie es schafft, wird sie zum Abbezahlen doppelt so lange brauchen wie andere, denn sie wird sie allein abbezahlen. Sie glaubt, auch das hat mit Geld zu tun. Gibt es etwas, was sie sich nicht kaufen kann? Vielleicht hätte sie mehr Geld für Carmen zurücklegen, hätte ihr großzügigere Geschenke machen sollen: nicht die Puppe, die sie bezahlen konnte, sondern die Puppe, mit der alle Mädchen in der Klasse spielten. Vielleicht hätte sie, als sie erfuhr, dass Carmen die Schule aufgab, ihr etwas anbieten können, damit sie es nicht tat: mit ihr zusammenleben, ihr Geld geben und sie überzeugen, später einmal zu studieren. Bestimmt hätte ihnen Conchitas Tochter geholfen. Was hätte Carmen werden wollen? Worin war sie gut? María wusste es nicht. Was ihre Tochter wohl über Geld denkt?

# DIE SCHÖNHEIT
Madrid, 2015

Ihr Handyalarm klingelt. Alicia wacht auf. Läge ihr etwas an Schönheit, würde sie bei dem Gedanken daran – bei dem Gedanken, dass der Handyalarm klingelt und sie aufwacht – all die anderen Handyalarme hören, bei ihr, in der Wohnung über ihr, in der zwei Häuserblöcke weiter. Unbekannte, die sich höchstens begegnen, wenn sie den Müll hinaustragen, und die sich nun die Augen mit den Fäusten reiben, weil auf dem Nachttisch der gleiche Alarm im selben Handymodell klingelt. Hier und da setzt die Musik später ein, kaum eine Sekunde, da die Uhren nicht synchron laufen; eine andere fängt zu früh an, und das Hochschrecken fällt aus dem Takt. Für derlei Korrespondenzen und Spinnereien hat Alicia weder Sinn noch Zeit, also klingelt ihr Handyalarm, und sie wacht auf.

Je nach Wochenschicht wartet Alicia, bis Nando zur Arbeit gegangen ist, oder verlässt vor ihm das Haus. Morgens hat sie keine Lust zum Reden, also versucht er, sie unter keinen Umständen zu stören; manchmal sieht sie ihn auf Zehenspitzen zum Bad schleichen, so leise wie nur möglich. Wenn Alicia nachmittags arbeitet, putzt sie vormittags die Wohnung, geht einkaufen, macht manchmal einen Spaziergang durchs Viertel, sieht vielleicht einen Film. Wenn sie jedoch bis Mittag arbeitet, hat sie die erste U-Bahn genommen, ist in Gran Vía in die blaue Linie umgestiegen und schnell zu dem Laden gelaufen, damit die Reisenden Gummibärchen und ein Souvenir von der Puerta de Alcalá kaufen können. Sie fährt zurück, isst in aller Ruhe zu Mittag, Putzen, Einkauf, Spaziergang etc., um die Zeit totzuschlagen, bis Nando kommt. Alicia macht die Arbeit kein Vergnügen, doch sie lenkt sie ab: Sie kann die anderen beobachten. Läge ihr etwas an Schönheit, würde sie sich mit einer gewissen Neugier rechtfertigen, als steckte eine Anthropologin in ihr: die magische Diversität der Gattung Mensch, die unterschiedlichen Gesichter, das unterschiedliche Verhalten, Männer und Frauen, Klein und Groß, Reich und Arm – nein, Arme nicht: die Armen fahren Bus –, in dem Akt vereint, die Hosen herunter-, den Rock hochzuziehen, der Reißverschluss auf, der Knopf gelöst, Männer und Frauen, Klein und Groß, Reiche und Angestellte mit einem Gehalt, mit dem sie ihre Rechnungen bezahlen und an Feiertagen und am Wochenende hinausfahren können, alle einander gleich, wenn sie am Bahnhof Atocha pinkeln gehen. Anfangs bedauerte es Alicia, dass man für die Bahnhofstoiletten zahlen muss, denn von der Theke aus hätte sie überwachen können, wer herauskommt und hineingeht. Sie hätte sich mit dem Ratespiel ablenken können, wer seine wahren Gelüste zu Hause verbirgt, wer auf schnellen Sex aus ist, ob jemand kassieren will oder bezahlen. Wenn ihre Ablösung kommt, würde sie nicht gleich nach Hause gehen, würde in die Männertoilette schlüpfen und in der Kabine warten, bis sie ein Angebot hört, ein Keuchen, einen Körper,

der gegen einen anderen prallt, etwas, was ihr Zögern rechtfertigt, schnell zu den Drehkreuzen zu gehen und die blaue
Linie zu nehmen, in Gran Vía in die grüne umzusteigen, den
Hausschlüssel in der Handtasche zu suchen, ihn gleich neben der Tür abzulegen, bis zum nächsten Tag.

Aber nein: Womöglich liegt Alicia doch ein wenig an
Schönheit. Die Leute, die heutzutage die Bahnhofstoiletten
benutzen, sind reines Mittelmaß. Wenn sie nicht die Fragen eines Kunden beantworten muss, achtet sie manchmal
aus Gewohnheit darauf, wer die Männertoilette verlässt
und betritt. Sie hat gelernt, die Touristen zu erkennen, die
gerne sechzig Cent dafür bezahlen, dass jemand alle fünf
Minuten die Tröpfchen auf der Klobrille abwischt, den Sei-
fenspender auffüllt, nachsieht, ob auch kein Bettler sechzig Cent zusammengekratzt, sich eingeschlichen hat und
nun das minimalistische Design verschandelt. Sie gehen
schnell, mit festem Schritt, die eine Hand dem Koffergriff
angepasst – der winzige Hartschalenkoffer, höchstens zwei
Wäschegarnituren für zwei Tage –, die andere dem Handy.
Sie tippen, tippen, tippen. Ob der Handyalarm bei ihnen zur
gleichen Zeit klingelt wie in der Wohnung oben, in der zwei
Häuserblöcke weiter? Wie dick sind ihre Wände? Andere
kommen in den Laden und fragen schüchtern nach einer
kostenlosen Toilette. So fragen sie: eine kostenlose Toilette.
Sie wollen oder können nicht bezahlen. Sie schleifen ihre
riesigen Koffer aus abgewetztem, nachgiebigem Stoff hinter
sich her, in denen ein Mantel, mehrere Pullover Platz haben;
manchmal schleppen sie eine riesige karierte Plastiktasche,
auf dem Markt gekauft, und dann fragen sie: kostenlose Toilette. Alicia verneint, und da – sie deutet hinüber – verlangen sie sechzig Cent, ist aber immer sauber. Läge ihr etwas
an Schönheit, würde sie denken, dass die Schönheit, an der
ihr liegt, das krasse Gegenteil ist: schmutzig, kaputt. Aber

sie belässt es bei dem Hinweis, dass sie immer sauber ist, und mustert die Leute schweigend, falls sie noch einen Schokoriegel für die Reise wollen.

Der Handyalarm klingelt. Alicia wacht auf. Gerade hat sie, wie jede Nacht in all den Nächten ihres Lebens, von ihrem Vater geträumt, der sich an einem Baum aufhängt.

Dann kommt ein Moment, in dem Alicia Eile vortäuscht, ein Schritt nach dem anderen bis zu den Drehkreuzen, sie nimmt die blaue Linie, steigt in Gran Vía in die grüne um, sucht die Hausschlüssel in der Handtasche – in der Handtasche Schlüssel, Portemonnaie, eine große Binde, falls die Regel zu früh kommt, Handyladegerät, ein Päckchen Taschentücher, ein fauliger Apfel –, sie legt die Tasche gleich neben der Tür ab, für den nächsten Tag. Sie kehrt mittags nach Hause zurück, wenn sie Frühschicht hat, abends, wenn sie Spätschicht hat. Die ist ihr lieber, die zweite Schicht, dann muss sie nicht früh aufstehen und trifft so gut wie sicher mit niemandem zusammen, den sie kennt: abends kurz mit Nando und nicht einmal das, wenn Fußball übertragen wird. Manchmal lässt sie sich breitschlagen, wenn eine Kollegin – unweigerlich eine Frau – sie bittet; sie tut ihr den Gefallen, damit sie ihren Sohn in den Kindergarten, in die Grundschule, ins Gymnasium, zur Universität bringen kann, ihm den Hintern abwischt, die Kekskrümel vom Frühstück abschüttelt, keine Sorge, sein Vater oder die Großmutter, Großvater oder Tante holen ihn am Nachmittag ab, wenn ich arbeite. Tritt Alicia ihre Lieblingsschicht ab, kommt sie sich wie eine Superheldin vor, so wie die in der Sechzig-Cent-Toilette, die sich bemühen, geradeaus zu pinkeln und nicht auf den Rand, ein bisschen Solidarität unter der Arbeiterklasse: Das Private ist politisch.

Wenn Alicia am Vormittag gearbeitet hat, kommt sie nicht um ein Treffen mit Nando am Abend herum. Wo treffen wir uns, fragt sie ihn per WhatsApp, als wären sie nicht schon drei Wochen nach der zweiten Nacht, die sie miteinander geschlafen haben, zusammengezogen. Dieses Verb benutzt er, miteinander schlafen, für ihn hört es sich rücksichtsvoll an. Alicia erträgt seine Euphemismen nur mit einer Klammer in der Nase, denn für sie stinkt es, wenn sie aus seinem Mund kommen; dabei will er sie nur nicht verletzen, und im Grunde genießt sie auch dieses plumpe Bemühen, seine Naivität zu verbergen. Immer noch ist es seltsam für sie, ihn an der Bushaltestelle abzuholen, neben ihm die Calle de Alcalá entlangzugehen – Nando verschweigt, dass es fast die Ecke an der A2 ist; sie unterstreicht es –, morgens seine Scheiße zu riechen. Bald haben sie siebenjähriges Jubiläum. Hat Alicia nachmittags frei, wartet sie auf seinen Bus, der um acht auf der anderen Seite des Kreisverkehrs hält, und gemeinsam gehen sie die paar Minuten nach Hause. Manchmal zieht er sich um, ohne zu duschen, verkündet manchmal – vor allem im Winter –, er könne sich nicht dazu aufraffen. Sie trinken ein, zwei Bier, essen Nüsse, und inzwischen bestellen auch schon Javito und Isabel an der Theke, etwas später Salva und Natalia, zuletzt Edu und Rocío, denn sie arbeiten am anderen Ende von Madrid, bleiben abends aber lieber im Viertel. Alicia fasziniert es, wie sich ein Paar in eine unteilbare Einheit verwandelt, wie ihr Name seinen Eigenwert verliert und nur in Verbindung mit einem anderen Bedeutung hat: die Mathematik des täglichen Lebens. Javito und Isabel, Salva und Natalia, Edu und Rocío, Nando und Alicia. Der Mann zuerst, im Diminutiv oder abgekürzt, was für einen familiären Anstrich sorgt – Jungs aus dem Viertel, langjährige Freunde –, die kopulative Konjunktion – Augenzwinkern – verbindet sie, dann kommt die Frau mit dem vollständigen Namen, I-sa-bel, Na-ta-lia, Ro-cí-o, A-li-cia, niemals Isa, Nati, Roci oder Ali, denn die Frauen muss man respektieren. Doch die begriffliche Verschmelzung macht sich auch im Äußeren bemerkbar: Alicia weiß nicht, ob Edu und Rocío schon auf diese Art geredet haben, bevor sie sich kennenlernten, oder ob es gegenseitige Ansteckung war, denn oft lenkt es sie ab, wenn die beiden durch ihr frenetisches Gestikulieren eine Bemerkung unterstreichen wollen, und in Javitos Haar spiegelt ein heller Schimmer hier und da Isabels blonde Strähnchen wider, während Salva und Natalia synchron zunehmen. Alicia fragt sich, ob ihre Nase sich schon ebenso gebogen hat wie Nandos und ihr Bauch so angeschwollen ist wie bei einem erwachsenen Baby.

Sie sind da keine Aussnahme. In der Bar treffen sich Abend für Abend mehrere Gruppen wie ihre, austauschbar, drei oder vier Pärchen, immer mit einem alten Verbindungselement – Freundschaften, die bis zum Schulhof zurückgehen –, zu dem ein neues hinzukommt, kraft und vermöge der Liebe. Die Latinos treffen sich in den Bars, wo es Brathähnchen gibt, und die Chinesen lassen sich nicht blicken. Nando und Alicia wohnen in der Parallelstraße, fünf Minuten zu Fuß. Die Kundschaft ist unter der Woche Anfang oder Ende dreißig, Anfang vierzig; die Jüngeren treffen sich auf dem Platz oder in den Billardsalons, die Älteren im Gasthaus – genügend Stühle, Papiertischdecken –, das auch ihre Gruppe bald erwartet. Die Symmetrie haben drei Jahre zuvor Salva und Natalia durchbrochen, als sie mit Martina schwanger wurde, dann Javito und Isabel ein paar Monate später, als Javierín auf die Welt kam. Zu Hause, wenn niemand sie hört, nennt Nando ihn Javierón und wundert sich, dass er in die Babytrage passt, an Schenkeln und Armen rollt sich der Speck. Eines Nachts – mehr Bier als üblich – fragte sich Nando laut, ob Isabel Javierón bei der Hochzeit so mit zum Altar nehmen wird, in einer Riesentrage, und Alicia stand erst der Mund offen vor echter Verblüffung, dann entfuhr ihr ein Lachen und noch eins, minutenlang konnte sie nicht aufhören. Sie war froh, dass ihm das zu Hause eingefallen war, nicht in der Bar – Javito und Isabel hätten sich geärgert, Nando hätte ein schlechtes Gewissen gehabt und Alicia sein Gejammer ertragen müssen –, aber sie war überrascht, dass Nando doch eine Spur Witz und eine Spur Bosheit in sich hatte. Vielleicht vögelten sie deshalb vor dem Schlafen, obwohl es ein Dienstag war.

Alicia weiß, dass Natalia lieber keine weiteren Kinder möchte, das hatte sie ihr erzählt, als sie Martina wickelte, die im Kinderwagen schläft, kaum weint und gewöhnlich gleichgültig dreinblickt: Sie bereitet so wenig Probleme, dass sie es nicht riskieren will, ein Baby zu bekommen, das ihnen das Leben schwermacht. Sie weiß auch, dass sich Isabel dagegen noch eins wünscht, Javito jedoch zögert, weil vor ein paar Monaten Kollegen entlassen wurden und ihnen niemand garantiert, dass nicht auch er vor Jahresende dran ist. Bei ihren Treffs – wie sie es nennen – plaudern sie über Kollegen, deren Eigenschaften sie mühelos ins Lächerliche ziehen, über die Korruption und die Liga, doch die Mutterschaft erwähnt niemand. Edu und Rocío versuchen es seit Jahren, ohne Erfolg. Er weigert sich, einen Fruchtbarkeitstest zu machen, das hat er Nando gesagt und der Alicia, und Rocío hat heimlich einen gemacht, wobei ihr bestätigt wurde, dass sie den Eisprung künstlich fördern müsse, das hatte sie Alicia gesagt und sie Nando. Alicia erzählte es Nando und fügte hinzu, es sei nicht Edus Problem, sondern das Problem sei Edu. Nando entgegnete, er mische sich lieber nicht in die Angelegenheiten der anderen ein, sie hätten ja noch Zeit. Zeit habe er, sie nicht mehr so viel, erwiderte Alicia, und Nando stand vom Sofa auf, verschwand im Bad und kam nicht ins Wohnzimmer zurück, sondern ging ins Bett. Sie beide fragt niemand, das heißt, Alicia fragt niemand – über sie wissen die anderen, was sie wissen müssen: Alicia, dreißig, der Vater hat sich umgebracht, mit Mutter und Schwester redet sie nicht, den Onkel ruft sie manchmal an, um zu sehen, ob er noch lebt –, und wenn sie Nando fragen, wiederholt er vermutlich die Argumente, die sie so oft vorgebracht hat. Sie muss lachen, weil es nicht einmal ihre sind: Sie hat sie in der U-Bahn gehört, in der Schlange vor der Primark-Kasse, und ihren Umständen angepasst. Letztlich machen wir tagaus, tagein nichts anderes: die Handlungen anderer nachahmen, die Gebärden anderer wiederholen, sie für uns anpassen, um zu überleben.

Nando macht sich Gedanken. Bald wird er vierzig – ich will eine Riesenparty steigen lassen, ja, eine Riesenparty; Alicia bekommt dabei Angst –, und er wäre lieber nicht sechzig, wenn sein Sohn zu studieren anfängt. Alicia findet es lächerlich genug, einen Sohn zu gebären, einen Sohn aufzuziehen, aber wie grotesk ist der Gedanke, ihr Sohn – ihr Sohn! – werde einmal studieren: Fernandito, Ministerpräsident, Nobelpreis für Mathematik, Entwickler des Impfstoffs gegen den Krebs, Sohn von Nando und Alicia, aufgezogen in einer Bar in Canillejas, wo er in dem Kinderwagen schlief, den er von Martina geerbt hatte. Nachdem sie zwei, drei Jahre zusammengelebt hatten, reservierte Nando eines Abends einen Tisch in einem Grillrestaurant und machte Alicia einen Heiratsantrag. Sie stand auf und ging zur Toilette. Ihre Antwort lautete, sie hätte nicht so viel essen sollen, nicht so viel Fleisch, und sie gingen ohne Nachtisch nach Hause. Am nächsten Tag fragte sie, ob es so nicht in Ordnung sei, sie beide zusammen, Tag für Tag, Papiere seien nicht notwendig – das hatte sie beim Friseur gelesen, in einem Interview – für ihre Liebe, ihre Bindung. Alicia dachte an die Exfreundin, von der ihr Nando in der ersten Nacht erzählt hatte und in der zweiten, in allen folgenden, bis ihre Beziehung sechs Monate währte und er anscheinend davon ausging, dass sie nicht fortlaufen würde. Er erklärte, ihm gehe es auch darum, dass sie die Wohnung erbe, wenn ihm etwas zustoße. Einige Nächte lang überlegte Alicia es sich – die Albträume wurden grausamer: in einem davon stieg ihr Vater verstümmelt aus dem Wagen, hatte einen Arm verloren, Blut lief aus dem durchtrennten Fleisch – und willigte ein, aber nur standesamtlich und schlicht, ohne Cousins aus dem Dorf oder Freunde der Schwiegermutter. Sie unterschrieben auf dem Standesamt, Nandos Mutter lud zum Mittagessen in eine Bar im Viertel ein, nicht mehr als dreißig Gäste. Obwohl sie ihm von Nando erzählt hatte, sagte Alicia Onkel Chico lieber nicht Bescheid.

Die Liste von Alicias Argumenten, hier ist sie: Nicht Blutsbande machen die Familie, sondern das Leben. Ich weiß nicht, ob ich einen Unschuldigen mehr in diese grausame Welt setzen will. Ich bin mir nicht sicher, ob ich der Erziehung eines Kindes gewachsen bin. Dein Arbeitsplatz ist mehr oder weniger sicher, aber ich habe es nie lange im selben Job ausgehalten, und bei unseren Einkünften hätten wir Schwierigkeiten, noch jemanden zu ernähren. Es läuft doch recht gut miteinander, was müssen wir eine stabile Beziehung durch jemanden gefährden, der uns in den nächsten zwanzig, dreißig Jahren nur Schwierigkeiten machen wird? Wirst du ihm die Windeln wechseln? Wirst du ihm das Fläschchen geben? Wirst du aufstehen, wenn er nachts plärrt? Wirst du ihm bei den Hausaufgaben und Prüfungen helfen? Und wenn dein Sohn eingebildet wird, ein Heuchler und Lügner? Und wenn es ihm Spaß macht, andere zu quälen? Die Psychopathen, die mit einem Gewehr in der Schule auftauchen und das Basketballteam, die Cheerleader, die engagierten Lehrer niedermähen, die haben auch einen Vater und eine Mutter, sie sind real, auch wenn sie das Fernsehen nicht zeigt. Der Scheißkerl, Nando, der deinen Bruder in den Gängen der Schule verfolgt und gedroht hat, ihm den Schwanz abzuschneiden und in Arsch oder Mund zu stecken, der hat auch einen Vater und eine Mutter. Vielleicht verweigern wir der Welt die Möglichkeit eines neuen Albert Einstein oder einer neuen Frida Kahlo – in einem Dokumentarfilm im History Channel war gerade über sie gesprochen worden: die Gleichberechtigung machte sich gut –, aber vielleicht verweigern wir ihr auch einen Hitler oder einen Pol Pot. Alicia schnurrte all diese Ausreden herunter wie bei den Prüfungen in der Schule, wenn sie eine Lektion auswendig gelernt, aber nicht verstanden hatte und alle Informationen so schnell wie möglich abspulen musste, denn wenn ihr ein Wort abhandenkam, würde sie nicht mehr weiterwissen, und sie biss sich zwischen den Sätzen auf die Lippen, um nicht loszulachen. Doch für Nando waren sie ausreichend. Mehrere Monate lang entspannte er sich, fing nicht wieder davon an, zog Alicia an seine Brust und flüsterte ihr zu: Komm her, du Mutter Stalins.

Sie fand ihn nicht schlecht in der ersten Nacht: akzeptabel, mehr nicht, bemüht, wie so viele andere. Er ließ Alicias Monolog über sich ergehen, ohne zu unterbrechen – er war der Erste, dem sie erzählt hatte, dass sie jede Nacht von ihrem toten Vater träumte –, und steckte auch das Ende weg, als sie sagte, sie bleibe, weil sie nicht genug für ein Taxi habe. Als sie schließlich schwieg, dachte sie, dass sie zu weit gegangen war. Er bot ihr zwanzig Euro an, obwohl es sich gar nicht gut machte, ihr einen Geldschein zuzustecken, nachdem sie miteinander geschlafen hatten – bingo:

ob »miteinander schlafen« das Passwort seines Mailkontos war? –, und sie hatte abgelehnt. Sie drehte sich um, schlief ein. Wenige Stunden später weckte sie das Licht, denn er hatte vergessen, die Jalousie herunterzulassen, und sie stieg vorsichtig aus dem Bett, damit er es nicht merkte, zog sich leise an, schloss die Tür hinter sich. Der Gang zur U-Bahn reichte, um sie das Foto mit den Radlerfreunden vergessen zu lassen – Nando hatte es stolz hergezeigt, als Alicia danach gefragt hatte, gleich nachdem die Tür ins Schloss gefallen war: die Räder in der ersten Reihe, in zwei weiteren die Vereinsmitglieder, nach Größe aufgestellt, in schwarz-limettengrünem Trikot, Helm und Handschuhen –, das Foto eines sehr schlanken Mädchens im Holzrahmen, ihr Haar blond gefärbt, die endlos lange Mähne zu einem hohen Pferdeschwanz gebunden, ein Paar runde Goldohrringe; in einer hellblauen Joggingjacke, dem Kragen nach zu schließen, posierte sie an einem Aussichtspunkt, hinter ihr ein mächtiger Berg. Die Straßenkehrer fegten die Scherben der Bierflaschen auf, die in der Nacht am Boden zersplittert waren. Alicia überschlug, dass man von Nandos Haustür bis zu ihrer eine Stunde und vierzehn Minuten brauchte. Zu Hause duschte sie, wärmte sich ein Glas Milch und ging ins Bett. Sie maß dem Ganzen keine Bedeutung bei. Zwei Wochen später lernte sie einen anderen kennen, nach einem Monat wieder einen u. s. w.

Genau ein Jahr danach lud ihre Kollegin – dieselbe Kollegin – sie wieder zu ihrem Geburtstag ein. Alicia hielt es für keine schlechte Idee, zu trinken und ein wenig zu lachen: Ihr Arbeitsvertrag lief in zehn Tagen aus, und man hatte ihr bereits mitgeteilt, dass man ihn nicht verlängern würde. Der Chef hatte sie in sein Büro gerufen, um es ihr zu sagen, und während er sich in Rechtfertigungen erging, rechnete Alicia nach, wie viel Zeit sie ohne Lohn durchhalten würde: Die Krise hat ihren Höhepunkt erreicht, ich habe nichts sparen können, die da oben zwingen mich, ich bekomme ein lächerliches Arbeitslosengeld und nur für ein paar Monate, es hat dich getroffen, weil dein Vertrag gerade ausläuft, Onkel Chico werde ich nicht mehr anrufen und ihn um Hilfe bitten. Alicia dachte, dass sie ihre Wohnung würde aufgeben müssen, weil sie sie nicht mehr bezahlen konnte. Dann musste sie wohl wieder in eine WG ziehen, aushalten, dass eine Unbekannte über sie urteilte, damit sie im Gegenzug ihr Besteck benutzen und sich auf die andere Sofaseite setzen durfte, musste sauber machen, was andere verdreckt hatten – sie dachte an den Stapel schmutziger Teller in Aluches Wohnung, ein Pflänzchen wuchs zwischen dem Abwasch –, sich in ihr Zimmer zurückziehen, wenn sie ein wenig Intimität brauchte. Die Kellnerin im *Bingo* hatte ihr erzählt, in einer neuen Wohnung sei sie in der zweiten Nacht fast vergewaltigt worden, sie hätte noch nicht einmal Zeit gehabt, die beiden Kisten mit ihren Habseligkeiten zu öffnen, und der Frau am Empfang hatte eine Mitbewohnerin geklaut, was nicht niet- und nagelfest war, Geld, DVDs, offene Feuchtigkeitscremes, sogar ein Album mit Kindheitsfotos.

Alicia hatte nicht das Logische bedacht: Viele der Gesichter vom letzten Geburtstag würden sich wiederholen. Das wurde ihr bewusst, als sie die Tür der Bar öffnete und ihn sah. Sie hatte seitdem nicht mehr an ihn gedacht – es war kaum mehr geblieben, als die Offenbarung des Lichts in den Bierflaschenscherben am U-Bahn-Eingang –, und dennoch, da waren seine langen Beine, seine Froschaugen, als er an der Theke sein Bier bezahlte. Sie ging zu ihren Kolleginnen, Paola beschwerte sich über ihre Verspätung; sie hatten überschlagen, dass sie von zu Hause eine Stunde und zehn Minuten brauchen würde, und Rocío das Gemeinschaftsgeschenk bereits übergeben. Während Alicia nach einem Vorwand suchte, frühzeitig zu gehen, ohne dass er sie sah – ich habe meine Tage, bin völlig fertig, es geht mir nicht gut, die Sache mit der Arbeit –, spürte sie eine Hand im Nacken. Anstatt sie zu begrüßen, warf er ihr vor, dass sie ohne ein Wort des Abschieds gegangen war, und sie entgegnete, sie sei so überwältigt gewesen, dass sie es nicht habe verderben wollen. Sie fragte ihn nach seinem Namen, denn den hatte sie vergessen. Nando, ich heiße Nando, sagte er, und Alicia sah, dass er zwei Bierflaschen trug, in jeder Hand eine. Er bot ihr die kalte an, noch ganz beschlagen, Alicia bedankte sich, er drehte sich um, und sie konnte zu Paola zurückkehren. Der Inhaber der Bar ließ die Jalousie herunter – Rocío kannte ihn –, drehte die Musik auf, und wer wollte, konnte rauchen; große Teller mit Tapas wurden aufgetragen, eine Torte in Herzform. Die Frauen tanzten ein wenig, Alicia hörte seine Stimme nicht mehr, Paola versicherte ihr, sie werde sie vermissen; für einen Moment stellte sie sich vor, dass statt ihrem Vertrag Paolas nicht verlängert wurde, doch andererseits, Schweinerei, sie hat Mutter und Kinder in Bolivien. Als die Jalousie wieder hochging, stellte Alicia fest, dass sie ja noch nach Hause musste. Sie ging auf die Toilette und dachte über die Optionen nach, vielleicht ein Nachtbus bis Cibeles und dort ein weiterer nach Hause. Als sie hinaustrat, stand sie wieder vor ihm: Nando lehnte an einem Auto, spielte nervös mit der Kordel seines Hoodies und tat so, als konzentrierte er sich auf sein Handy, suchte jedoch ihren Blick, sobald er hörte, dass Alicia Rocío nach der Bushaltestelle fragte.

»Hör mal, du brauchst eine Ewigkeit, wenn du den Nacht-bus nimmst. Du kannst bei mir bleiben, wenn du willst, und gehst, sobald du aufwachst. Ich schlafe auf dem Sofa, keine Angst.«

Obwohl sein wehleidiger Ton sie nervte, seine Strategie, sich von der Gruppe abzusondern, um Intimität zu erzwingen, ging Alicia darauf ein, weil sie die Stunden Weg mit Umsteigen vermeiden wollte, die Besoffenen, die sie ansprechen würden, die Angst, sich nachts allein den Straßen zu ihrer Wohnung auszusetzen. Er verabschiedete sich nicht von seinen Freunden, und schon nach ein paar Schritten sagte er, hier ist es, und Alicia erkannte den Hauseingang vom letzten Jahr wieder. Während sie die Treppe hinaufgingen, dachte sie, dass sie noch nie mit demselben Mann in zwei auseinanderliegenden Nächten gevögelt hatte, und wenn es eine Verbindung zwischen ihnen gab – eine Mitbewohnerin, eine Kollegin –, bat sie sonst eindringlich, niemals ihre Nummer weiterzugeben, und verschwand einfach, während der andere noch schlief. Auf einmal hatte sie Lust darauf: die festen Waden mit den Sonnenstreifen, die gestapelten Frischhalteboxen, die auf den nächsten Besuch bei seiner Mutter warteten.

Wie würde sie es anstellen? Und wenn er sie zurückwies? Vielleicht hatte Nando den Vorschlag ehrlich gemeint und wollte ihr nach ihrer Flucht nichts weiter anbieten als ein Obdach bis zur ersten U-Bahn. Alicia war noch nie von jemandem zurückgewiesen worden, noch nie war sie eine Treppe hinaufgegangen, ohne dass es vorher wenigstens einen Kuss in der Bar, eine Hand unter dem T-Shirt gegeben hätte. Nando fragte, ob sie etwas trinken wolle, und bot ihr ein Glas Wasser oder Bier an, mehr gebe es nicht. Das Regal war noch so dekoriert wie beim letzten Mal, nur hatte er das Foto des blonden Mädchens mit einem Foto von sich und einer älteren Frau ersetzt, seine Mutter vermutlich, und dafür den alten Rahmen genutzt. Die gleiche Nase wie Nando, das kurze Haar flammend rot gefärbt, ein Strand im Hintergrund. Nando holte zwei Bierdosen, sie öffnete die ihre, nahm einen Schluck. Alicia fragte, was er beruflich mache, und er entgegnete, er arbeite in einem Lager – genauer wurde er nicht – in einem Gewerbegebiet in der Nähe, er nehme immer den Bus, sein Onkel leite dort den Ein- und Ausgang von Bestellungen. Wenn er in Rente gehe, werde er seinen Platz übernehmen. Nando wünschte sich diese seltsame Erbmonarchie der Lieferscheine. Über sich erzählte Alicia nichts weiter, die Informationen der damaligen Nacht waren ausreichend. Sie hatte sich gedreht, ihm ganz zugewandt, er blieb bei seiner Antwort vor dem Fernseher sitzen, starrte auf den schwarzen Bildschirm. Sie beugte sich vor, um ihn besser zu hören, und hörte zugleich, wie sein Körper sich anspannte. Es hatte nichts mit Begehren zu tun, im Gegenteil, sie bemerkte seine Angst. Nando begriff nicht, warum sie damals einfach gegangen war, ohne Abschied, es war doch gut gelaufen, sie hatten über Dinge geredet, die wichtig zu sein schienen, und wochenlang hatte er gedacht, er habe sie verletzt oder etwas Unpassendes gesagt. Alicia musste sich das Lachen verbeißen, als sie sich vorstellte, wie er bedrückt zwischen Paketbändern stand oder wegen seiner offensichtlichen Depression vom Radsportverein aufgebaut wurde, und allmählich nervte sie sein Monolog, in ihrem Kopf das Murmeln seiner Stimme, einzelne Wörter: erstes, Exfreundin, auch nicht, keine, also, und als Alicia dieses »also« hörte, packte sie etwas: also will ich mit dir schlafen, sagte sie, ich will heute mit dir schlafen. Nando stand auf, nahm sie bei der Hand und führte sie ins Schlafzimmer, der liebevolle Prinz aus dem amerikanischen Schmachtfetzen. Dann das Übliche: Jemand wird ausgezogen, jemand beißt in Hals oder Schulter, jemand stöhnt, jemand sieht sich den Rauputz an, jemand kommt zum Ende, war es gut, ja, gut. Alicia schloss die Augen und versuchte zu schlafen, sie merkte, wie Nando ihr einen Arm unter den Rücken schob, den anderen über ihre Brust, sein Körper in Seitenlage, sein Mund nah an ihrem Ohr.

»Alicia, ich bitte dich nur um eines, geh nett mit mir um.«

Das klang so lächerlich, dass sie beschloss, frühmorgens nicht zu gehen, sogar den Tag dort zu verbringen. Nando rief zuerst beim Verein an, damit sie nicht auf ihn warteten, er sei letzten Abend auf einer Geburtstagsfeier gewesen, und seiner Mutter schickte er eine Nachricht, er komme morgen vorbei, nach der Party fühle er sich nicht gut. Sie vögelten mehrmals und redeten viel, über alles: den Radsport, die Lagerverwaltung, seine Schulfreunde, die Krankheit seines Vaters, den Tod seines Vaters, seine Freude, als er das Darlehen für die Wohnung bekommen hatte, eine herrliche Reise durch die Pyrenäen, die Orientierungslosigkeit, als sie mit ihm Schluss gemacht hatte. Alicia fand dieses Wort komisch, nicht Schmerz, nicht Wut, sondern Orientierungslosigkeit: die Liebe als Landkarte. Er begleitete sie zur U-Bahn, und sie gab ihm beim Abschied ihre Telefonnummer – die echte. Nando schickte eine Nachricht, als sie nach sechs Stationen Ventas erreichte, sagte, er vermisse sie bereits, und rief am Dienstag an. Für den Samstag verabredeten sie sich in La Latina und teilten sich nachher ein Taxi zu ihr: das erste Mal, dass Alicia in ihrem Bett – ihrem eigenen Bett, nicht in seinem – mit einem Mann schlief. Sie verstand es nicht recht: Wenn sie beim Vögeln die Augen schloss, damit sie ihn nicht sehen musste, wenn bei seinen Geschichten ihre erste Reaktion Spott war, warum fragte sich Alicia dann unter der Woche, was er wohl gerade tat, und beantwortete seine Nachrichten sofort? Sie empfand für ihn eine Verachtung, die widernatürlich und lustvoll an Zärtlichkeit grenzte. Am nächsten Wochenende, bei ihm, erzählte sie, dass ihr Vertrag auslief, sie noch keine Arbeit gefunden habe und ihre Wohnung aufgabe, falls er etwas von einem freien Zimmer höre. Auf keinen Fall: Alicia solle bei ihm bleiben, bis sie irgendwo genommen werde und sich etwas Eigenes leisten könne. Sie brachten ihre Kleidung und etwas Hausrat in seine Wohnung, und sie begann, ihn an der Bushaltestelle abzuholen, neben ihm die Alcalá entlangzugehen, morgens seine Scheiße zu riechen. Sie brauchte fast ein Jahr, bis sie Arbeit fand, dank eines Freundes von Nandos Onkel. Da hatte er sich bereits vollends verliebt und sie keine Lust mehr, Stadtteile auszuwählen und minimale Quadratmeterzahlen und maximale Preise auf den Internetseiten für Mietangebote einzugeben. Nach einem Jahr oder anderthalb Jahren, Alicia kann es nicht genau sagen, sie weiß es nicht mehr, machte er ihr einen Heiratsantrag, sie lehnte erst ab, doch Alicia gibt zu: Will sie etwas haben, muss sie etwas bieten. Sie sagte ja.

Bevor es sich Alicia versah, hatte sie sich in ihre Mutter mit ihren goldenen Armbändern verwandelt, das Gesicht in der Erinnerung immer verschwommener, das Geklingel an ihren Handgelenken immer deutlicher. Wie mag es Carmen gehen? Ob sie sich daran gewöhnt hat, von Montag bis Freitag Kichererbsen mit Spinat und am Sonntag Grillplatten zuzubereiten? Überfällt sie manchmal Reue?

Die Ehe bändigte Alicia nicht. Anfangs fragte Nando immer wieder, was zwischen ihr und Mutter und Schwester geschehen sei, nichts, antwortete sie, um ihn nicht anzulügen. Nichts war geschehen. Manchmal sagte sie, sie könne sie nicht gut leiden, und er wurde ärgerlich, denn Mutter und Schwester kann man nicht gut leiden: Du verabredest dich nicht mit ihnen auf ein Bier, erzählst ihnen nicht deine Geheimnisse. Nando ermunterte sie, Onkel Chico nach Madrid einzuladen, damit er ihn kennenlernte, worauf Alicia immer mehr Zeit zwischen den Anrufen beim Onkel verstreichen ließ, alle zwei Wochen, einmal im Monat, alle zwei, drei Monate. Den Kontakt zu Nandos Familie konnte sie nicht vermeiden. Sie ließ ein paar Tage am Strand mit seiner Mutter über sich ergehen – der Bruder hatte sein eigenes Leben –, doch sie verlangte von Nando, dass er erst einmal Zeit mit ihnen allein verbrachte. Wenn die Mutter für eine Woche eine Wohnung mietete, brach die Familie am Sonntag auf, Alicia kam Mittwoch oder Donnerstag nach. So habt ihr mehr voneinander, rechtfertigte sich Alicia gegenüber ihrer Schwiegermutter, die nicht widersprach. Während der ersten gemeinsamen Ferien schlug Nando ihr einen Kompromiss vor: eine Woche alle drei in Oropesa, eine Woche nur sie beide. Sie verhandelte: Ihr fahrt mit dem Auto voraus, ich nehme den Bus Mitte der Woche, am Sonntag kehrt deine Mutter mit Onkel und Tante zurück, du und ich fahren woandershin. Nando willigte ein.

Am Sonntag fuhr er los, und den Montag wollte Alicia ganz für sich allein. Sie schaltete das Handy aus, wachte spät auf, aß zu Mittag eine Tiefkühlpizza und hielt eine lange Siesta. Dann duschte sie, zog ein geblümtes Kleid an, das ihr Isabel geschenkt hatte – ihr war es zu groß, Alicia passte es knapp –, und ging vierzig, fünfzig Minuten Richtung Süden. Als sie die U-Bahn-Station San Blas sah, suchte sie sich eine Bar, um etwas zu trinken: ein Bier, dazu eine Tapa. Sie setzte sich draußen hin, bestellte immer nach. Als es dunkel wurde, setzte sie sich an die Theke und konzentrierte sich auf den Kellner. Nicht auf den jungen, der an den Tischen draußen bediente, fast noch ein Halbwüchsiger mit Kraushaar, nein, auf den älteren über vierzig mit breiten Koteletten, die Brauen so buschig, dass sie zu einer verschmolzen. Alicia konnte seinen Akzent nicht einordnen, denn er artikulierte überdeutlich, um ihn zu überspielen:

als schämte er sich, das Plural-s zu verschlucken, die Herkunft zu verraten, die diese Plural-s verschluckt, eine Anstrengung, die sie von sich selbst kannte. Das zog sie als Erstes an. Und dann natürlich, was er sagte. Wie eifrig er erklärte, schon die halbe Welt habe auf dem Barhocker gesessen, auf dem sie gerade sitze, die Herren der Welt, die Bierschaum in einer Kneipe in San Blas schlürften. Alicia kannte die Schritte, hatte es nicht verlernt: Sie hörte aufmerksam zu, trank nicht mehr, sondern aß ein wenig – so hatte sie es immer in den Bars gehalten, wenn sie arbeitslos gewesen war oder wenig verdient hatte: um zu sparen –, als der Kellner die Bar schloss, fragte er, ob sie noch etwas in der Küche essen wolle, alle anderen seien schon fort. Alicia kehrte nach Hause zurück, und in ihrem Albtraum roch die Erde nach verbranntem Öl. Dienstagvormittag putzte sie Zimmer für Zimmer, schaltete das Handy an und sah eine einzige SMS: Nando, Montagabend, der sie wissen ließ, dass er sie liebe. Sie antwortete, ich dich auch, öffnete das Wohnzimmerfenster und schob die Gardinen beiseite, um mehr Luft hereinzulassen.

Sie gewöhnte sich an, derlei gelegentlich zu wiederholen. In diesem Freiraum der Ferien, den sie für sich vorbehielt, wenn Nando und seine Mutter sie allein ließen: in manchen Jahren an jedem Abend von Sonntag bis Mittwoch, in anderen höchstens einmal, wie sie Lust hatte. Sie nutzte die Gelegenheit, als Nandos Onkel ins Krankenhaus kam und er einige Nächte bei ihm verbringen musste; nutzte sie auch, wenn er an einem langen Wochenende – manchmal nahm er sich auch einen Extratag frei – mit den Freunden aus dem Verein zu einer Radwanderung aufbrach. Ein Kunde, der es nicht eilig hatte, etwas später nach Hause zu kommen, oder ein Mann, der ihr in der U-Bahn aufgefallen war und den Alicia fragte, ob sie sich nicht irgendwoher kannten, sich schon einmal begegnet seien. Nie tat sie es, wenn Nando sie zu Hause erwartete: nicht, weil es ihm wehgetan hätte, sondern aus Bequemlichkeit.

Jetzt, da Alicia dreißig ist, wird sich der andere bald nicht mehr so glücklich schätzen. Wenn sie ihren Status wahren will, wird sie die Altersgrenze hinauf- und ihre Ansprüche herabschrauben müssen. Das war ihr um die fünfundzwanzig aufgefallen, auch seitdem sie etwas an Gewicht zugelegt hat: Sie sprangen nicht mehr ganz so schnell an. So fand sie zurück zu ihrem ersten Verlangen, das sie damals aus Scham unterdrückt hatte: nicht Miguelíns Stottern oder Juan Antonio López' Schuppenflechte, sondern der Junge aus der Nachbarklasse mit den Schwimmhäuten, der Junge, der im Restaurant zu Mittag aß und dem die Beine unterhalb des Knies fehlten. Alicia fühlte sich weitaus wohler in der Mittelmäßigkeit. Sich von einem körperlichen Gebrechen erregen zu lassen, war keine besonders originelle Vorliebe, sie hält sich nicht für brillant, schon gar nicht in Anbetracht ihrer Biografie, allerdings schätzt sie die Intelligenz, die es ihr erlaubt hat, zu überleben. Der arme Teufel aus ihrem Studium, Diego, der unbedingt verheimlichen wollte, wo er arbeitete, obwohl er immer nach Fisch stank, und der die vier, fünf Namen der ihm bekannten Klassiker unter den Filmregisseuren nannte, damit angab, als offenbarten sich nur ihm die komplexen Geheimnisse ihrer Kunst. Nando selbst mit seiner lächerlichen Freude, jeden Sonntagmorgen auf ein Fahrrad zu steigen, in einem Pulk von grauen Männern wie er. Das interessierte Alicia: wenn jemand Uninteressantes sich für etwas ausgeben wollte, was er nicht war, und sich dabei bis zur Karikatur bemühte. Genau das. Doch inzwischen interessieren sich diese absurden Männer immer weniger für ihre faltigen Hände, die Tränensäcke unter ihren Augen. Auch sie haben ihre Falten,

Flecken, Tränensäcke, und wenn sie sich mit einer Frau zufriedengeben, die so ist wie sie, wollen sie jemand Bequemen, der ihre Großtuerei ohne Hohn akzeptiert. Alicia hat sich damit abgefunden, dass sie nicht leicht zu finden sind, und da sie über wenig Zeit verfügt, setzt sie lieber auf jemanden, der Erfolg garantiert: Männer, die ungefähr das Alter haben, das ihr Vater jetzt hätte, Männer in ihrem Alter oder etwas älter mit einem offensichtlichen körperlichen Gebrechen, solche, die sie in ihrer frühen Jugend anvisiert und zugleich verworfen hatte. Ein auffälliges Hinken, ein Tick, der das Sprechen erschwert. Kranke will sie nicht; jetzt noch nicht.

Manchmal hatte Alicia den Eindruck, Züge von sich, von Eva, ihrer Mutter oder Onkel Chico in der Frau zu sehen, die ihr in der U-Bahn gegenübersaß, in der Großmutter, die ihrem Enkel am Bahnhof einen Lutscher schenkte. Onkel Chicos Nachnamen sind so geläufig, dass Alicia, wenn sie die Mutter ihrer Mutter suchen wollte, dutzendweise Treffer bekäme. Und wenn sie von ihr enttäuscht ist? Wenn der Charakter über die Gene vererbt wird wie Augenfarbe und Mundform? Das hatte sich Alicia während ihrer ersten Tage in Madrid gefragt, hatte sich eine mögliche Begegnung ausgemalt. Dann beschäftigten sie wichtigere Dinge, und sie vergaß es. Das hat sie sich ihr ganzes Leben gefragt: Wozu tun wir, was wir tun. Vielleicht hätte sie Philosophie studieren sollen, das denkt sie und hört es zugleich den Mann sagen, sie ist sich nicht sicher, ob es als Ratschlag oder Vorwurf gemeint ist. Weshalb bin ich diese Treppe hinaufgegangen und habe ihn gebeten, mit mir zu schlafen, wohin gehe ich, wenn das hier vorüber ist; schon längst wäre es vorüber, wenn ich wüsste, wohin, hätte gar nicht erst angefangen, wenn ich gewusst hätte, wohin. Ihr ganzes Leben lang hat sie sich gefragt: Warum hat mein Vater sich umgebracht? Des Geldes wegen? Hat sich mein Vater außerstande gefühlt, mit den Schulden fertigzuwerden, sie abzubezahlen und über die Runden zu kommen? Ihre Mutter hatte es relativ einfach geschafft. Sie hatte den Stolz runtergeschluckt und von neuem begonnen. Oder hatte ihr Vater es aus Angst getan, meiner Mutter gestehen zu müssen, dass das Leben, das er ihr versprochen hatte, auf tönernen Füßen stand und zusammenbrechen würde, bevor sie es überhaupt gelebt hatten? Wie viel Schuld hatte er, der Körper des taumelnden Mannes? Wie viel Schuld ihre Mutter? Und Eva und sie? Eva, die den armen Mädchen so unschuldig die Wohnung mit den tausend Fernsehern vorgeführt hatte, welche Freude hatte Alicia bei ihnen gesehen, als sie die Worte ihrer Mutter hörten, wie glücklich wird vermutlich ihr Leben sein, wenn sie daran denken, wie Alicia abgestiegen und Eva abgestiegen und Carmen abgestiegen ist. Als kleines Mädchen hatte sich Alicia immer in der Wohnzimmermitte aufgestellt, um nach draußen zu blicken, ohne gesehen zu werden. Sie wollte rechtzeitig erfahren, was da geschah, um zu vermeiden, dass eine Katastrophe sie unvorbereitet traf, wollte aber nicht, dass irgendetwas davon – die Spiele der Kinder, die Spaziergänge der Klassenkameradinnen, die Erwachsenen, die von der Arbeit zurückkamen – sie einschloss. Ihr Leben sollte sich auf diesen winzigen Fleck beschränken, gerade groß genug für die zwei Füße eines elf-, zwölf-, dreizehnjährigen Mädchens; ohne essen, schlafen, mit jemandem reden zu müssen, der Wirklichkeit bloß zusehen, ohne in sie einzutauchen. Doch diesen Wunsch hatte ihre Mutter zerstört, ihre zarten Hände, die niemals arbeiten wollten, ihr Ehrgeiz, mehr zu haben, als ihr zustand, und zu verheimlichen – die Tüten vom Corte Inglés, das Make-up, gekauft auf Wochenendausflügen nach Madrid und Barce-

Iona –, woher sie kam, das Zimmer, das sie mit Onkel Chico und Tante Soledad geteilt hatte, Gewohnheiten von einer, die nie etwas besessen hat und mit einem Mal zwar nicht alles besitzt, aber fast: wie ein Schuh, den du am Tag einer Wanderung einweihst, ein Schuh, dessen Schönheit dich blendet, die jedoch nicht den Schmerz der wunden Stellen beim Laufen überdeckt. An diesem exakten Punkt im Wohnzimmer, kurz vor der Teenagerzeit: Da wäre Alicia gern, in der Zeit, in der Nächte ohne Albträume auf sie warteten, hübsche Jungen, die sie in ihren Träumen küssten, riesige Häuser, die sie in ihren Träumen bewohnte.

# DIE FREUDE
Madrid, 1998

Er nimmt immer den Gangplatz, ob im Bus oder im Zug, wartet schweigend, bis María sich ans Fenster gesetzt hat, und wiederholt dann ihre Bewegung, lässt sich fallen. Er sorgt sich, wenn er das Fahrzeug nicht selbst kontrolliert, wenn nicht er fährt – und sei es nur innerhalb des Viertels –, er verweigert das Gespräch während der Fahrt, als würde jedes unerwartete Geräusch auf eine Fahrlässigkeit hinweisen: das Schnarchen des Fahrers, der am Steuer einschläft, das Ächzen eines Wagons, der sich von den anderen löst. Auf Marías Fragen oder Bemerkungen, wie ist das Wetter, willst du ein Stück Sandwich, wir haben anscheinend Verspätung, bittet er sie zu schweigen, Zeigefinger an den Lippen, er sagt sogar »schtt«, obwohl sein Geräusch den Warnlaut des bevorstehenden Unfalls überdecken könnte. Wenn sie also über Land fahren, steckt sich María immer ein Buch, ein Rätselheft ein. Mit den Jahren hat sie gelernt, in diesen Momenten zu schweigen, hat sich allerdings auch daran gewöhnt, in anderen ihren Worten freien Lauf zu lassen. Seine

Freunde sagen schon, ihm bleibe wohl nur noch, in seinen Bart zu brummen; das wäre lustig, wenn er sich nicht jeden Morgen vor dem Kaffee rasieren würde. María kommt inzwischen mit Metaphern nicht mehr weiter. Was passiert, erzählt sie lieber genau so, wie es passiert.

An diesem Abend kommen sie aus dem Kino zurück. Sie haben den Kinotag genutzt, sind zwanzig Minuten bis zur Haltestelle gegangen, wo ihr Bus einsetzt, und haben die direkte Verbindung nach Hause genommen. Pedro schweigt während der Fahrt, ihn stören die Gespräche der anderen, denn sie hindern ihn daran, auf Fahrlässigkeiten des Fahrers zu horchen. Wenn er vor einer gelben Ampel bremst, ballt er die Faust und schlägt sich gegen den Schenkel, und wenn er mit einem Ruck an einer Haltestelle hält – weil ein Mädchen vergessen hat, die Klingel zu drücken –, entfährt ihm ein »Mensch!«, das María erschreckt. Sie weiß nicht, ob es ihr recht wäre, wenn er vorschlägt, anstatt ein paar Stationen früher auszusteigen, sie nach Hause zu begleiten, schnell etwas zu Abend zu essen und bei ihr zu übernachten. Sie fühlt sich wohl so. Zunächst hatten sie getrennt gelebt, weil er sie nicht mit der Pflege seiner Familie hatte belasten wollen, zuerst der eine krank, dann die andere, schließlich der dritte, die Familie kannte sie nicht, und ihr war es unangenehm, sich um jemanden kümmern zu müssen, mit dem sie eigentlich nichts verband. Wenn sie Pedros Mutter die Windeln wechselte, würde sie sich an die ersten Wochen damals erinnern, als sie die Windeln ihrer Tochter gewechselt hatte? Und wenn sie eine der Tabletten vergaß, mit denen Pedros Bruder einem Anfall vorbeugte? Wäre sie dann für einen neuen Ausbruch verantwortlich? Würde sich seine Gewalt gegen sie richten? Was man nicht mit ansieht, das existiert nicht: Pedro, der seinen Vater füttert, seine Mutter trägt oder einem Schlag seines Bruders ausweicht. Er erzählte ihr so offenherzig davon, als beschriebe er einen langweiligen Tag, ich bin aufgewacht, habe acht Stunden gearbeitet, Eierkuchen gegessen, mein Bruder hat mich mit dem Messer bedroht, weil er seit einigen Wochen die Tablette in der Backe versteckt und sie ausspuckt, ohne dass ich es merke, während meine Mutter sich beschwert, weil sie sich in die Hose gemacht hat, und meinem Vater ein Speichelfaden heruntertropft. Anfangs war sie sonntags manchmal zu Besuch gekommen, doch schließlich drängte sie ihn, sich allein zu treffen. All diese Minuten Weg zwischen ihnen forcierte die Distanz: Vater, Mutter, Bruder, Personen, die sie von ein paar Fotos kannte; sie wusste, dass es sie gab, doch in seinen Erzählungen waren sie für sie fast fiktive Figuren, ein kranker Vater, eine kranke Mutter, ein kranker Bruder: wie im Film.

Durch die Gespräche mit Chico huscht Carmen auf Zehenspitzen, ein Körper, der nie Gestalt annimmt. Auch Pedro erwähnt sie nie, es stört ihn sogar, wenn der Name irgendwo in einem Gespräch fällt, wenn jemand auf der Straße ihn ruft. Nach der Hochzeit hatte Chico versucht, ein, zwei Telefonate im Jahr herauszuschlagen, wenn Carmen ihn besuchte. Er gab María vorher die Uhrzeit durch, und sie rief an, wenn Carmen da war. Carmen sagte, sie sei immer noch verheiratet, zählte Töchter und Schwangerschaften auf, Erfolge ihres Mannes, somit auch die ihren. Kaum mehr als zwei, drei Minuten, ihre Stimme mit jedem Mal ernster, unbekannter, bis sie ganz erstarb, ein Anruf, keiner mehr, Schweigen. Ab und an flocht Chico ein Detail ins Gespräch: Es mache ihm Sorgen, dass Carmen nicht arbeite und von ihrem Mann abhängig sei; alle sagten, Eva sei ihm dem Charakter nach ähnlich, aber er habe eine Schwäche für Alicia, die Ältere. Keine Schwäche, korrigierte er dann: Neugier. Neugier auf die Erwachsene, in die sie sich verwandelt. Nein, das ist nicht zu früh. Manchmal habe ich den Eindruck, dass sie die Monate wie Schritte zurückgeht und ich mit einem kleinen Mädchen rede, das unsicher ist, weil es gar nichts weiß, aber damit nimmt sie nur Anlauf: Im nächsten Satz wird sie zu einer Ebenbürtigen. Sie ist gerade dreizehn geworden und denkt schon so, als wäre sie dreißig oder vierzig Jahre älter, und so verhält sie sich auch, benutzt jedoch Wörter, die in ihrem Alter nicht fehl am Platz sind, damit sie nicht allzu viel Aufmerksamkeit erregt. Einsamkeit macht ihr nichts aus. Wer sich ihr nähert, den stößt sie zurück. Ihre Schwester behandelt sie verächtlich. Ich begreife nicht, warum sie sich so verhält, der Vater arbeitet den ganzen Tag, um Geld zu verdienen, sie haben, was sie wollen, und eben darum frage ich mich, woher diese Haltung kommt und wohin sie führen wird.

»Wie lange sind wir schon zusammen, María?«

María wundert sich, sie begreift, dass es etwas anderes bedeutet. Pedro weiß es besser als sie, er feiert jedes Jubiläum, vergisst nie ihren Geburtstag und kann das Datum jenes Strandausflugs herunterbeten. Weit über zwanzig Jahre, sagt sie sich, überrascht, dass er von seinem üblichen Verhalten im Bus abweicht und spricht.

»Ganz schön lange, nicht wahr?«

»Vierundzwanzig Jahre.«

Pedro schweigt, und María stellt sich unterdessen vor: Während er fragt, sie nachrechnet, er präzisiert und laut schnalzt – und in Marías Mund ein Schnalzen auslöst –, wird der Fahrer abgelenkt, und sein Aberglaube blüht wieder auf. Der Fahrer ist unachtsam – es ist dunkel –, vielleicht geht jemand über die Straße, ohne sich umzublicken, der dumpfe Schlag von Körper gegen die Schutzwand, schwarzes Blut im Rinnstein; oder vielleicht rennt jemand über die Straße, weil er nach Hause will oder von zu Hause flieht –

die Strecke ist schlecht beleuchtet –, eine Vollbremsung, die den Unfall auf der Straße vermeidet, eine Frau, die sich nicht festhalten kann und hinfällt, der Aufprall des Körpers auf dem Busboden, rotes Blut, das ihre Spuren färbt. Auf diese Weise überspielt María das Schweigen, mit dem Pedro ihr zu verstehen gibt, hör mal, du bist dran, du musst jetzt etwas sagen. Er fährt mit seiner Rede fort, die er zu Hause einstudiert hat.

»Eine lange Zeit sind wir nun zusammen. Wir sind keine Teenager mehr, María. Das ist doch absurd.«

Das Laternenlicht prallt an den Karosserien ab, hier und da leuchtet ein Müllcontainer auf, jemand, der den Hund ausführt; draußen ist nichts als Nacht, aber María blickt konzentriert aus dem Fenster, sucht da etwas, sie weiß nicht, was. Sie entzieht sich Pedro und dem, was Pedro ihr zu sagen hat. Alle paar Tage bringt er das Thema auf, etwa am Sonntag in der Bar beim Mittagessen: sie könnten dann beide zusammen das Abendessen in der Küche zubereiten; vielleicht am Donnerstag oder Freitag, wenn sie sich von Víctor und seiner Frau verabschieden und die beiden in ihre gemeinsame Wohnung zurückkehren, während Pedro und María sich umarmen und jeder zu sich nach Hause geht. Zuerst war Pedros Mutter gestorben – der Vater schon lange vorher –, genau vor einem Jahr, gleich zu Sommerbeginn; der Bruder Anfang Januar, zerstört von den Medikamenten. María bot ihm an, in den Nächten nach seinem Tod erst einmal nicht nach Hause zu gehen, und Pedro blieb bei ihr: ein Koffer mit Unterhosen, Socken und Hemden, ein paar Hosen zum Wechseln, die seltsame Erfahrung, gemeinsam ins Bett zu gehen und jeden Morgen gemeinsam aufzuwachen. Nach wenigen Tagen schon vermied María Gespräche vor dem Einschlafen und stand absichtlich noch früher auf. Pedro verstand den Wink, packte seine schmutzige Wäsche in eine Plastiktüte und ging wieder nach Hause. An manchen Wochenenden forcierte er ihr Zusammensein und warf die Frage auf: Jetzt, da ihn nichts mehr belaste, warum sollten sie da nicht zusammenleben?

Auf Marías Geburtstagstorte stand geschrieben: »Alles Gute, Mama!« Die Buchstaben hatten sie mit Schokolade auf die weiche Baiserdecke gemalt, die beim Anschneiden oben schon trocken geworden war. Der Glückwunsch berührte sie seltsam, das Wort hatte sie seit langem nicht gehört; eine andere Frau hätte sich an ihrer Stelle vielleicht verletzt gefühlt, aber sie ging davon aus, dass kaum jemand ihre Geschichte kannte und der Irrtum der Unkenntnis, nicht böser Absicht zuzuschreiben war. Die jüngeren Frauen der Bürgerinitiative hatten sie so getauft, weil sie sich immer um sie kümmerte. Wenn vom Sonntagsessen etwas übrig blieb, fror María es ein, da sie wusste, dass viele von ihnen kaum Zeit zum Kochen hatten, und als Elvira ihre Arbeit verlor und die Wohnung aufgeben musste, nahm sie sie bei sich auf. María konnte sich nur schwer daran gewöhnen und schwor sich, nie mehr ihr Sofa anzubieten, sosehr es eine Mitstreiterin auch benötigte. Hier kam ihre Solidarität an eine Grenze. Doch manchmal kommt am Ende eines Treffens eine Frau auf sie zu, redet von einer Freundin oder von sich selbst und fragt. María sagt niemals nein.

Nach all den Jahren hat María das Gefühl, dass sie nun die Stelle einnimmt, die ihr zusteht: auf Augenhöhe mit Pedro. Nicht an seiner Seite, so lieb ihr das gewesen wäre, doch in einem ähnlichen Bereich. Nach und nach hatte sie sich überwunden, bei den Sitzungen die Hand zu heben, sich beim anschließenden Bier nicht zu den anderen Frauen zu setzen. Sie wollte ihre Meinung zu dem Antrag für den neuen Park sagen, wollte mitentscheiden, wie die

Mittel des Bezirkssolidaritätsfonds verwendet wurden. Sogar Pedro: Alle sahen sie befremdet an, als wüsste keiner, wo sie so plötzlich aufgetaucht war. Ich bin eure Genossin, versuchte María ihnen zu sagen, ich denke wie ihr, will zu Wort kommen wie ihr, ich tauge zu mehr, als euch recht zu geben. Stimmt nicht, sagte sie sich insgeheim. Durch das Lesen und Nachdenken über das Gelesene dachte sie besser als die Männer, sprach besser als sie, taugte zu mehr als sie. Pedro störte das nicht, wie er ihr schwor, doch es war ihm unangenehm, wenn sie ihn vor seinen Freunden bloßstellte, ihn unterbrach, immer öfter selbst, mit ihren Worten, sagte, was Pedro früher mit den von ihr geliehenen gesagt hatte. Das eröffnete er ihr eines Sonntags im Bett – das Laken bis zur Brust hochgezogen, sie nackt auf dem Bett – und betonte das »vor meinen Freunden«, damit María den Abstand zwischen ihnen und ihr begriff. María hielt dagegen. Wo blieben bei den Treffen der Bürgerinitiative die Frauen? Ein paar stoßen in der Bar dazu, als Gesellschaft, erklärte sie; andere lassen sich dort nicht einmal blicken. Aber ich bin nicht wie sie, Pedro. Nun, María, das sagst du. Er schloss die Augen, tat so, als hielte er Siesta, und das Thema war beendet.

Laura und sie hatten sich zusammengetan und erreicht, dass die Bürgerinitiative ihnen jeden Nachmittag für ein paar Stunden einen Raum überließ, sie trommelten ausreichend Frauen zusammen, um loszulegen, und María hatte erst Mühe, ihre Gewohnheiten anzupassen: die Extraschichten abzulehnen, die ihr die Reinigungsfirma vorschlug – anfangs verweigerte sie alle und musste ihr Leben dem neuen Budget anpassen; dann überredete sie ein paar der anderen Frauen, sich der Bereitschaftsschicht anzuschließen, und so konnte sie hin und wieder annehmen –, zu Mittag oft im Stehen die Reste vom letzten Abend zu essen, schnell zum Versammlungsraum zu laufen, damit Laura nach Hause gehen konnte. Jetzt steht María all-zu früh auf, und mit jedem Mal fällt es ihr schwerer, die Augen zu öffnen, sich zu strecken, zum Bad zu schlurfen; bis zur Universität sind es viele U-Bahn-Stationen, die Züge alt, die Linie ist langsam, ständig Betriebsstörungen und Wagenaustausch. Die Zeitarbeitsfirma hat sie vor ein paar Monaten zu den Informationswissenschaftlern ver-setzt, und sie findet es unterhaltsam, dass sie die Manager nun mit den Studenten vertauscht. Zwar werfen sie Papier auf den Boden, und sie muss mehr Kippen aufkehren, aber in dem neuen Ambiente hört María so viele Unterschiede heraus, dass sie es sogar genießt; ein klein wenig nur, aber jedenfalls stört es sie nicht so, wie man annehmen könn-te. Auf die Gesichter achtet María nicht, Gesicht auf Gesicht auf Gesicht, denn alle jungen Männer und Frauen in einem gewissen Alter sind für sie gleich. Doch sie hört die Gesprä-che, die Kommentare zu den Nachrichten, die Begeisterung für Filme – oft dieselben, die sie auch sieht: ob sie das für möglich halten? –, wenigstens ist es unterhaltsam. Sie wird sich schon daran gewöhnen.

María ist gerade achtundvierzig geworden. Achtundvier-zig, denkt sie: Näher am Tod als am Leben, sagt sie zu Laura, und Laura lacht über ihren tragischen Ton, so untypisch für sie. Auf Marías Geburtstagstorte steht geschrieben »Alles Gute, Mama!«, und Laura hat das Gesicht verzogen und Marías Blick gesucht, um ihr zu verstehen zu geben, dass das nicht ihre Idee war, sondern die jungen Mädchen da-für verantwortlich sind. Laura arbeitet nachmittags, vor-mittags ist sie in der Frauengruppe der Bürgerinitiative für die rechtlichen Fragen zuständig; sie berät eine ältere Frau, die sich trennen will, aber kein Geld hat, hilft einer jüngeren, die seit Jahren hier arbeitet, aber noch keine Pa-piere hat, mit der Aufenthaltsgenehmigung. Laura hatte das

Viertel nach ihrem Studium verlassen und war vor vier, fünf Jahren, während der Krise, zu ihrer Mutter zurückgekehrt. Das wiederholt sie ständig, wenn sie von sich selbst oder einem ihrer Fälle in der Bürgerinitiative spricht: Es ist eine Frage des Geldes, immer eine Frage des Geldes. Hätten wir welches, nicht im Überfluss, meine ich, sondern hätten wir einfach welches, unser Leben wäre einfacher. Glücklicher?, fragt María sie manchmal. In einen Laden gehen und kaufen, was du willst, wofür du dich entschieden hast, ohne dass du nachrechnen, dich nach der Decke strecken musst. Sag, María, Laura lächelt, ist das nicht Glück genug?

Wie soll sie Pedro erklären, dass es nicht der richtige Moment ist, nein, dass dort – dass hier – im Bus nicht der Moment ist? Wann, wird er antworten: Der Tonfall entreißt dem Adverb das Fragezeichen, macht es zu einer Drohung. Komm heute Nacht mit in meine Wohnung, María unterstreicht das Possessivpronomen – in meine Wohnung, in die Wohnung, deren Miete ich bezahle, mit dem Geld, das ich verdiene: das deutet das Possessivpronomen an –, und wir reden darüber. Hier sieht es mir nach einer Falle aus, Pedro. Wenn Pedro lauter wird, wenn er Worte benutzt, die sie verletzen, kann María nicht aufstehen und den Bus verlassen: nicht in dieser Gegend. Eine Laterne flackert und die an der nächsten Ecke ist immer dunkel; die enge Straße ist mit finsteren Hauseingängen gespickt, das Risiko will sie nicht eingehen. Man erzählt sich einiges über diese Straßen. Eine Frau von der Bürgerinitiative hat erzählt, dass die Tochter einer Freundin hier in einen Hauseingang gezerrt worden war, eine andere, dass bei Nummer zwanzig ein Mann mit einem Messer herauskommt, sobald er Stöckelabsätze hört. Pedro, du weißt, ich werde hier nicht allein aussteigen, um diese Zeit, so spät. Eben drum fange ich jetzt damit an, María, wird er ihr erklären: Hier kannst du nicht entwischen, musst hören, was ich zu sagen habe.

Was ich zu sagen habe, in dem Moment, in dem ich es sage: Pedro hat alles berechnet, die Worte, die Zahlen, die Anekdoten zu seiner Rechtfertigung. Ich rede nicht vom Heiraten, María, das wäre ein Witz. Als wir uns kennengelernt haben, hätte es mich vielleicht gereizt, denn darauf hatten wir es damals alle angelegt, so modern wir uns auch vorgekommen sind, oder nicht? Aber da waren meine Umstände und da waren deine, vielleicht haben wir uns deshalb gefunden und einander beigestanden. Jetzt haben wir ein gewisses Alter erreicht, in unserem Alter ein weißes Kleid und ein Bankett? Ein Junggesellenabschied mit meinen Freunden? Für die Steuererklärung wäre es günstig, das haben sie mir erklärt, aber ich denke jetzt an das Praktische: dass es lächerlich ist, wenn ich nicht weiß, ob wir heute zusammen schlafen werden, nach vierundzwanzig Jahren. Muss ich im Ernst nach all der Zeit einen Koffer packen, um das Wochenende bei dir zu verbringen? Einverstanden, keine Hochzeit. Einverstanden, wir leben nicht zusammen. Aber wieso tut es dir weh, wenn du ein Paar Hosen von mir in deinem Schrank siehst? Nicht mal eine Zahnbürste, María, nicht mal eine Zahnbürste. Ich muss mir eine in die Jackentasche stecken oder warten, bis ich wieder zu Hause bin, oder manchmal deine benutzen.

Von Pedros Rede prägen sich María die Einzelheiten ein. Seine Hosen in ihrem Schrank, ihre Zahnbürste an seinen Zähnen. Er, wie soll man ihn nennen: Freund, Lebensgefährte, Partner. »Freund« klingt nach Teenager, das passte schon in ihren ersten gemeinsamen Jahren nicht mehr; der Lebensgefährte steht für eine Nähe, ein Zusammenleben, das er erzwingen möchte und gegen das sie sich sträubt. María greift zu »Partner«, und wenn sie es ausspricht, antwortet ihr gewöhnlich jemand: ein Partner bei was, ein Vertragspartner, ein Tanzpartner, dann kommt ein Lachen. Lebenspartner, Diskussionspartner, stellt sie klar: Wann immer möglich, weicht sie der Emotion aus. Ein weißes Hochzeitskleid, wenn auch geliehen wie bei Carmen: ein weißes Hochzeitskleid für sie, mit ihren Falten, ihren grauen Strähnen, vielleicht in einer unmöglichen Farbe gefärbt, überlegt sie, Grellorange oder Ziegelrot; ein Kleid mit weitem Rock oder mit Spitze, sie in ihrem Alter als Baiser verkleidet, die obere Schicht schon trocken wie bei dieser Geburstagstorte. Und der Junggesellenabschied, in welcher Bar würden die Männer ihn feiern und wie, kurz blitzen Pedros grobe Hände auf der glatten Haut eines jungen Mädchens auf. Dieser Gedanke ist für María inzwischen eher Trost als Ärgernis.

Pedro lässt nicht locker. Denk ans Geld, María. Das A und O, das alte Lied: Geld. Heute zieht sich die Rückfahrt vom Zentrum in die Länge, als würde der Bus mehrmals den Fluss überqueren, hinüber und wieder zurück, auch wenn María hier und da eine Leuchtreklame wiedererkennt, ein Schaufenster, und so berechnet sie, wie lange es noch bis zu Pedros Wohnung ist, bis zu ihrer. Pedro will María damit sagen, dass sie sich durch das Zusammenleben die Miete spart und nicht mehr ihr Gehalt zum Fenster hinauswirft. Er wisse, es sei eine alte Wohnung, mit allzu vielen Leichen auf dem Buckel – zwei Tote im großen Schlafzimmer, einer auf dem Sofa vor dem Fernseher: als Pedro von der Arbeit zurückgekommen war, der noch warme Körper seines Bruders, Publikumsbeifall in einer Show im Dritten –, aber sie könnten sie renovieren und unterdessen bei ihr wohnen. Was Pedro da sagt, hat er sich auf die Rückseite der Werbezettel notiert, die in seinem Briefkasten stecken, auf der Vorderseite die Anzeige eines Elektrikers – Yeison, Telefonnummer, unterstrichen: »sehr günstig« –, auf der Rückseite die emotionalen Gründe; auf der Vorderseite eine afrikanische Wahrsagerin, die Liebeszauber und Verhexungen anbietet, auf der Rückseite seine ökonomischen Argumente. Pedro kennt María gut und weiß, dass sie seinen Vorschlag annehmen wird, wenn er sie überzeugt, dass sie nur durch ein Zusammenleben sparen kann. Sieh dir deine Hände an, María, möchte sie Pedro warnen. Sieh dir deine rissigen Hände an, ich kenne sie nicht anders, aber mit der Zeit haben sie all den fremden Dreck in sich aufgesogen, Schicht auf Schicht auf Schicht, von dieser oder jener Familie, von all den Managern, jetzt diese verhätschelten Jungs und Mädchen. María, fass dir an den Rücken, möchte sie Pedro warnen. Fass dir an den Rücken, der sich vom Auswringen des Wischmopps beschwert, vom Bücken zum Fleck auf dem Boden, vom Reiben, weil er nicht weggehen will. María wird nicht mehr lange die Schmerzen aushalten, die sie jetzt verschweigt, und in der Firma entlassen sie einige der Älteren, weil die Peruanerinnen weniger verlangen und mehr Stunden arbeiten. Die Abfindungssumme holen sie wieder herein, weil sie beim Gehalt der Neuen sparen. Wenn du dich einmal krankmeldest, wer garantiert, dass deine Stelle nicht eine bekommt, die billiger ist? Immer gibt es jemanden, der das Geld dringender braucht als du.

Also gut, Pedro. Renovieren wir deine Wohnung, die Wohnung deiner Eltern, tauschen wir die Badewanne gegen eine Dusche und schmeißen den Gasherd raus; leben wir zusammen. Wie geht es weiter? Welchen Platz habe ich dann? Die ganze Wohnung, María: das Schlafzimmer, das kleine Zimmer, die Küche. Nein, ich meine den Platz in unserer Beziehung. Muss ich mich dann rechtfertigen, wohin ich gehe, mit wem, warum ich an einem Tag spät nach Hause komme? Wirst du Erklärungen von mir verlangen, wenn ich mit Conchita und Laura zu Abend esse, wir uns so gut unterhalten, dass es spät wird, und ich aus Angst lieber bei ihnen übernachte? Muss ich dich dann anrufen, damit es am nächsten Tag keinen Krach gibt? Meiner Herkunft nach hätte ich heiraten, Kinder bekommen, kochen, putzen, vielleicht außer Haus arbeiten sollen, wenn im Haus nichts mehr zu tun ist, aber mein Leben war ein anderes, und das möchte ich behalten.

Selbstverständlich dringen diese Worte nicht laut heraus. Sie denkt es, während Pedro weiter an seiner Rede strickt, er springt von einem Argument zum nächsten: eine einzige Telefon-, Wasser- und Stromrechnung, eine U-Bahn-Station näher an der Arbeit, Ersparnis beim Einkaufen, wenn man für zwei kocht. So wie du an vielen Sonntagen für dich kochst, María, kochst du jetzt für uns beide. Mit jedem Wort verliert Pedro an Statur, das Haar geht ihm aus, die Augenringe werden tiefer: María nimmt ihn als verletzlich wahr, als schwach, so wie damals, als er sie gebeten hatte, auf den Sitzungen zu schweigen, sich beim Bier zu den anderen Frauen zu setzen, ihn reden zu lassen, ihn reden zu lassen. María überließ ihm das Feld und baute mit Laura die Frauengruppe der Initiative auf, und an vielen Abenden geht sie einfach weiter, wenn sie die Männer in der Bar sieht. Sie versteht, wie wichtig es für Pedro ist, dass seine Freunde ein anderes Bild von ihm haben, dass er für sie nicht der ist, dessen Frau – Freundin, Lebensgefährtin, Partnerin – ihm keine Beachtung geschenkt, sich in seine Feindin verwandelt und ein Leben mit ihm abgelehnt hat, sondern jemand, der die Sache wieder in die richtigen Bahnen lenken, sie beherrschen konnte. Es geht nicht um Geld, lautet Marías Schlussfolgerung, es geht um Macht. Darum, seinen Freunden – die María irrtümlich auch für die ihren gehalten hatte – zu beweisen, dass er Macht über María hat. Er lässt nicht locker: Weniger Ausgaben, sparen, ich sage das um deinetwillen, zu deinem Besten; sein Leben, betont er, werde so glücklich sein wie bisher, mit oder ohne ihr in der Wohnung, aber das ihre werde sich verbessern, weniger Ausgaben, deine Hände, dein Rücken, du bist achtundvierzig. Und du vierundfünfzig, Pedro, du verlierst Zähne und lässt dein Haar wachsen, um die Geheimratsecken zu überdecken. Das sagt sie nicht, denn sie meinen unterschiedliche Körper, ihm geht es um ihre Gesundheit, sie würde ihn in seiner Würde angreifen, und sie will ihn nicht verletzen. Pedro hat es nicht verdient, dass man ihm wehtut, aber den Sieg auch nicht.

»Pedro, das ist eine wichtige Entscheidung. Ich würde lieber in Ruhe darüber nachdenken. Ich kann dir hier nicht antworten, im Bus.«

Würde María Pedros Vorschlag annehmen, was bliebe ihr? María nennt die Mietwohnung, in der sie lebt, »meine Wohnung« – hier lügt das Possessivpronomen –, ihre zweite, seit sie nicht mehr bei der Tante wohnt, und sie würde eine erschwingliche Miete und eine Vermieterin verlieren, die Probleme umgehend behebt. Nie hätte sie aus eigener Kraft genug für eine Anzahlung zusammengekratzt, keine Bank würde jemandem wie ihr ein Darlehen geben, und so akzeptiert sie die Falle, die ihr die eigenen Worte stellen, »meine Wohnung«, »mein Zuhause«, mehrere Zimmer auf den Namen einer Frau, die ins Dorf zurückgekehrt ist und die betet, dass María in der Lotterie gewinnt oder einen guten Mann kennenlernt, die Wohnung aufgibt und sie die Miete erhöhen kann. Würde sie zu ihm ziehen, müsste sie ihre Möbel zurücklassen, einen Teil zumindest; und sie wüsste nicht, wie sie ihre Bücher vor Pedros in Sicherheit bringen sollte. Bei welchem Paar müssen die Bibliotheken nicht zusammenleben? María aber will das nur von ihr Unterstrichene bewahren, die umgeknickten Ecken, die Busfahrkarten, die Kino- und Theatertickets zwischen den Seiten, damit die Bücher Jahre später, wenn sie wieder zu ihnen greift, von der Zeit erzählen, in der sie gelesen wurden. Und wenn sie von Pedro das kleine Zimmer verlangen würde? Chico besucht sie höchstens einmal im Jahr, wenn überhaupt, sie braucht kein Bett für ihn. Vielleicht könnte sie dort einen bequemen Lesesessel aufstellen und müsste nicht auf dem Sofa oder im Bett lesen. Was bleibt ihr, wenn sie ihre Wohnung verliert, die einer anderen gehört, ihr Zuhause, das einer anderen gehört? Und wenn das Zusammenleben nicht funktioniert und eine lange, friedliche Beziehung in die Luft fliegt, wenn man sie in normale Gleise führt? Normale Gleise, sie ist überrascht: María findet nichts Befremdliches an sich, trotz der Kommentare, wenn sie erklärt, ja, sie seien so lange schon zusammen, sie lebten getrennt, hätten keine weiteren Pläne. Und wenn es sie stört, dass er den Klositz nicht herunterklappt, dass er das Duschgel offen lässt? So ist es immer im Film. Wird sie von vorn anfangen müssen, sich wieder eine Wohnung suchen, neue Möbel kaufen, eine andere Route zur U-Bahn-Station erlernen müssen? Ob es sich lohnt, von der neuen Wohnung aus in ihre Gegend zurückzukehren, um bei demselben Fleischer, bei derselben Gemüsehändlerin zu kaufen? Müssen sie wirklich nach all der Zeit alles umwerfen? Es ist eine Frage des Geldes, sagt sich María, und eine Frage der Macht. Das kollidiert drinnen, in ihrem Kopf, während außerhalb, im Bus, Pedro mit seiner Litanei über das Zusammenleben fortfährt, über das Geld, das sie sparen werden, über Marías Körper, der altert und auslaugt und verschleißt. Auf der Straße, in dem Draußen, das María fixiert, spielen sich andere Dinge ab: Je näher der Bus seinem Ziel kommt, desto breiter wird die Straße, wird zur Avenida und gewinnt an Helligkeit – alle paar Meter Laternen auf dem Gehweg –, ein paar Bars haben sogar schon die Sommerterrasse geöffnet. Gern würde ich etwas trinken, denkt María, unterbricht ihre Gedanken. Würde Pedro diese Szene nicht gerade jetzt aufführen, würde sie ihm vorschlagen, noch ein Bier zu trinken, Oliven zu bestellen, Hand in Hand nach Hause zu gehen. Die Situation hat noch eine andere Seite: Die einsteigenden Leute hören einen Teil ihres Gesprächs, fragen sich beim Aussteigen, wer sie sind. Zum Vergnügen denken sie sich Geschichten über sie aus, je nach dem gehörten Ausschnitt – ob sie vor dem Überqueren des Manzanares eingestiegen sind oder nach dem Einbiegen in die General Ricardos –, der Junge drüben hat seinen CD-Player ausgestellt, um zuzuhören, und wird später erzählen, der Mann sei geschieden und seine Geliebte weigere sich nun, die Beziehung zu formalisieren, die Mutter mit ihrem Sohn – abgelenkt vom Wutanfall des Kindes, der einen Teil von Pedros Monolog überdeckt – wird nicht begreifen, warum María sich weigert, einen Teil der Miete zu sparen. Geld, Macht: Das kollidiert in Marías Kopf, die anfangs gedacht hatte, Pedro spreche von Liebe und Zuneigung, von Begleitung und dem Willen, seine Fürsorge wie früher seiner Familie nun ihr zuzuwenden. War sie jetzt seine Familie? Wer war Marías Familie?

Sofort fallen ihr zwei Namen ein: Chico und Pedro, natürlich. Mit ihren älteren Brüdern hat sie kaum Kontakt, ein Anruf zu ihrem Geburtstag, einer zu Weihnachten, und mit Soledad war etwas in die Brüche gegangen, als mit Carmen alles in die Brüche ging: als fühlte sie sich schuldig, weil sie nicht hatte verhindern können, dass Carmen das Gleiche zugestoßen war wie María; als spürte sie, dass sie für Carmen verantwortlich gewesen war und versagt hat. Sie rufen einander an, erzählen von sich, Soledad besucht sie, aber ihre Schwester spricht immer zu ihr, als bäte sie um Entschuldigung. Zwei weitere Namen: Laura, Conchita.

Und die Frauen in der Initiative, die ihr dem Alter nach am nächsten sind: Maribel, die von Carmen weiß, und Mercedes. Ein paar der jungen Mädchen, die sie Mama getauft haben und sich von ihr Bücher und Filme empfehlen lassen; sogar Elisa, die ihr nach ein paar Wochen – beschämt – gestand, sie habe gedacht, María lüge oder täusche, denn sie hätte sich niemals vorstellen können, dass eine Putzfrau von all diesen Dingen etwas verstehe. Ganz beiläufig – bei einem Mittagessen, einer Sitzung, in der Kassenschlange im Schuhladen – hat sich María ein Netz gewebt, auf das sie sich verlassen kann, wenn sie krank ist, wenn sie eine andere Meinung braucht.

Es geht nicht um Familie, nicht um Liebe: Es geht um Geld. Pedro verdient mehr als sie, wenn auch nicht viel – das Zögern, noch ein Bier in der Bar zu bestellen, ist ihnen gemein –, und auch er hätte sich nicht aus eigener Kraft die Wohnung kaufen können, in der er lebt. Er hat sie geerbt, weil seine Eltern sich in dem Viertel niedergelassen hatten, als es wenig empfehlenswert und billig gewesen war, und beide hatten Arbeit gehabt. Der Bruder ist gestorben, und Pedro hat sie alle überlebt – die Käufer, Eigentümer, Nutznießer – und so diese Hinterhofwohnung geerbt, eng für vier Leute, ausreichend für einen oder zwei. Es ist Glück: Ein Zufall verschafft ihm María gegenüber einen gewissen Vorteil – ein Privileg. Mit welchen Argumenten könnte María verhandeln? Sind ihre Ausgaben ein Argument? Ist ihr Körper ein Argument? Wie soll sie Pedro erklären, dass die Fürsorge, die er ihr anbietet, nicht die Fürsorge ist, die sie sich wünscht?

»Was willst du erreichen, Pedro?«

»Ich verstehe dich nicht. Denkst du, ich will etwas erreichen? Ich tue es dir zuliebe. All das habe ich mir um deinetwillen ausgedacht.«

»Da bin ich mir nicht sicher. Willst du jemandem etwas beweisen? Sei ehrlich, tust du das alles für mich?«

»María, du bist nun wirklich zu alt, um dich noch wie ein Teenager aufzuführen. Du handelst, ohne an die Konsequenzen zu denken. Manchmal betrifft es nur dich, aber manchmal werden auch andere in Mitleidenschaft gezogen. Mit sechzehn, siebzehn hattest du eine Entschuldigung, was auch immer geschehen ist; aber du kannst dein Leben nicht leben, als wärst du allein auf der Welt. Jetzt bist du mit mir zusammen, seit Jahren bist du mit mir zusammen. Radierst du mich auch aus, wie du die anderen ausradierst? Wir sind keine Bleistiftnotiz in einem Heft: Eine Handbewegung ist nicht genug, damit wir nicht mehr existieren. Wir sind hier. Deine Tochter, deine Enkel. Deine Geschwister. Ich.«

»Pedro, lass mich vorbei. Ich steige aus. Ich gehe lieber allein nach Hause.«

»Das ist nicht deine Haltestelle, María. Es ist nicht mal meine.«

María steht auf und wartet, dass auch Pedro aufsteht oder zumindest die Beine bewegt und sie vorbeilässt. Ein stummer Wettkampf, während der Bus weiterfährt. María streckt sich, um die Klingel zu drücken, damit der Fahrer weiß, dass sie am nächsten Halt aussteigt. Schließlich gibt Pedro nach, lässt María eine Handbreit Raum, um sich durchzuzwängen.

»Wir reden morgen, Pedro. Besser morgen, dann sind wir ruhiger.«

Pedro antwortet nicht. María kommt dieser Teil des Viertels bekannt vor, die Wohnblöcke sind etwas höher als bei ihr, die Fassaden verdreckt. Wieder fahren sie durch einen schlecht beleuchteten Straßenabschnitt, aber die Avenida ist nur wenige Meter entfernt, also wird sie auf dem Weg nach Hause den Schritt nicht beschleunigen, sich nicht umblicken, ob ihr jemand folgt. Als der Bus anhält, verschätzt sich María in der Entfernung zwischen Fahrzeug und Gehweg, und ihr rechter Fuß prallt gegen die Bordsteinkante. María fällt – Fleisch, Knochen, graue Strähnen, Falten –, rappelt sich auf, beruhigt die Frau, die aus der letzten Busreihe herbeigelaufen kommt, um ihr zu helfen. Ein paar Schritte weiter fasst sie sich ans Kinn: Blut tropft. Während sie es mit einem Taschentuch aufsaugt, entfernt sich der Bus, und sie sieht Pedro, der ihr den Rücken zudreht.

Ähneln sie mir? María überwältigt manchmal der Drang, ihren Bruder danach zu fragen: Ähnelt eine von ihnen mir? Wenn María an Carmens Töchter denkt – wie soll sie den Ausdruck »meine Enkelinnen« benutzen, wenn sie nicht Teil dieser Familie ist, von der sie verstoßen wurde? –, dann sieht sie einfach in den Spiegel: Sie schreibt ihnen die großen, hellen Augen zu, das dominante Kinn, das dicke Haar, fast blond im Sommer, die Haut so weiß, dass die Bahnen des Blutes durchscheinen. Sind die Krankenschwestern beim Blutabnehmen begeistert, wie leicht man bei Eva die Adern findet? Ob sich Alicia in den Ferien am Strand unter den Sonnenschirm flüchtet, damit sie keinen Sonnenbrand bekommt? Oder ob die beiden in der Sonne spielen und die Strahlen auf ihre zarte Haut herunterdonnern? Chico hat erzählt, eine von ihnen, die Ältere, sei kontaktscheu, während die Kleine Unbekannte bei der Hand nehme. Somit wäre Eva ihr näher, aber sie möchte Alicia kennenlernen, damit sie besser versteht, was Chico ihr über sie anvertraut. Wenn ihr Bruder sie besucht und ihr ein Foto der Mädchen zeigen will oder am Telefon ankündigt, er schicke vielleicht von der einen ein Foto von der Kommunion, von der anderen eines vom Tanzfest zum Schuljahresende, dann bittet ihn María, es nicht zu tun. Ihr ist es lieber, sie weiß nicht, wie sie aussehen, das Phantasieren vor dem Spiegel ist ihr genug, ihre

Augen in Evas Gesicht, ihr Haarschopf um Alicias. Wenn ich sie nicht sehe, existieren sie nie; will eine von ihnen eines Tages meine Version der Geschichte hören, erzähle ich sie liebend gern, aber belästigen werde ich sie nicht.

María öffnet die Haustür; vor Erregung trifft sie nicht gleich das Schlüsselloch. Auf dem Weg die Treppe hinauf hat sie das Klingeln eines Telefons begleitet, vielleicht aus ihrer Wohnung, Pedro, der sich entschuldigen will, und sie nimmt sich vor, nicht zu antworten. Vor der Tür erlangt sie Gewissheit: Ihr Telefon klingelt da. Sie lässt sich Zeit, der Anrufer bleibt hartnäckig, gibt aber schließlich auf; kaum eine halbe Minute später versucht er es wieder. María hört es aus dem Badezimmer, sie desinfiziert die Wunde – jetzt wird sie zurück zur Haustür unten gehen, ihre Schritte wiederholen müssen, um zu sehen, ob sie den Weg nicht mit Blutströpfchen gekennzeichnet hat –, morgen sollte sie vielleicht in die Ambulanz gehen und die Wunde behandeln lassen, damit sie sich nicht infiziert. Der Anrufer gibt nicht auf, versucht es noch einmal. María schimpft laut und kapituliert. Extra langsam geht sie ins Wohnzimmer, nimmt ab: die Stimme ihres Bruders.

»Endlich, María. Hör zu. Seit dem Nachmittag rufe ich schon an. Endlich gehst du ran. Ich sollte eigentlich nicht, aber ich muss es dir erzählen. Es ist etwas Entsetzliches passiert.«

# DIE NACHT
Madrid, 2018

Die Fahrgäste drängen sich im U-Bahnhof. Alicia hat Mühe, durch die Drehkreuze zu kommen; die Züge Richtung Zentrum sind nicht etwa voll, sondern in Atocha Renfe steigen so viele Leute aus, dass sie kaum zum Wagen vordringen kann. Sie verflucht ihre Kollegin, die sie gebeten hatte, kurz für sie einzuspringen – erst eine Stunde, dann zwei, drei –, die Freundin, die bei den Kindern bleiben sollte, sei ausgefallen, und so geht Alicia später als sonst nach Hause. Sie hatte von der Demonstration gehört, hatte am Vormittag die Frauen auf der Cuesta de Moyano gesehen, aber nicht gedacht, dass sie davon betroffen sein würde. Sie will bloß endlich nach Hause, im Supermarkt etwas fürs Abendessen kaufen, von niemandem gestört werden. Keine der Kolleginnen aus den anderen Läden hat gestreikt, nur eine Frau war zu ihr an die Theke getreten und hatte ihr einen Flyer überreicht – »HÖREN WIR DIE STIMME DER FRAUEN!« –, den Alicia zerknüllt und weggeworfen hat. Ihr begegnen junge Mädchen, geschminkt, mit Transparenten und violetten

T-Shirts, einige gehen Hand in Hand, auch ein paar Jungs sind dabei. Alicia stößt mit ihnen zusammen, als sie versucht, auf den Bahnsteig zu gelangen. Einige der Frauen sehen mit Missfallen auf ihre Schritte in die entgegengesetzte Richtung, nicht nach draußen, sondern unterwegs zur blauen Linie nach Gran Vía, dann die grüne nach Canillejas, dann das Sofa zu Hause. Sie ist nicht besonders neugierig auf das, was da oben geschieht, aber dann dreht sie doch um, schließt sich ihnen an, verlässt den U-Bahnhof und geht Richtung Atocha. Etwas treibt sie dorthin. Vom Bahnhofsportal aus sieht sie weitere Transparente, violette Luftballons, hört Losungen über Lautsprecher. Ein Mädchen überholt sie, Arm in Arm mit einem anderen, dem sie gerade gesteht: Ich bin so aufgeregt. Alicias unterdrücktes Auflachen wird zu einem Schnauben.

Sie geht weiter, weiß nicht recht, wohin. Die Vernunft rät ihr, zurück bis Menéndez Pelayo zu gehen oder bis Palos de la Frontera und irgendwo in die grüne Linie umzusteigen, oder sogar bis Acacias oder Puerta de Toledo, damit sie gar nicht umsteigen muss. Zu einem Fußmarsch ist sie nicht aufgelegt, aber er stört sie auch nicht allzu sehr. Jetzt ist sie bis zum Kreisverkehr vorgedrungen. Von allen Seiten kommen Leute, Leute, die sich nicht weiterbewegen, denn die Spitze des Demonstrationszugs ist immer noch nicht aufgebrochen, vielleicht sind es auch einfach zu viele. Alicia erträgt von jeher keine Gruppen von über fünf, sechs Personen; Partys hält sie nicht aus, und wenn sich auch nur ein einziger Freund zu ihrer Gruppe in der Bar gesellt, schiebt sie Kopfschmerzen vor und geht bald nach Hause. Leute zur Linken wie zur Rechten, überall gereckte Fäuste. Erinnert sich Alicia später daran, wie ihr schwindlig wird und sie fällt? Sie könnte den Moment nicht beschreiben: den Aufprall auf dem Boden. Ein Körper dämpft ihren Fall, noch einer, sie stößt gegen die anderen, bevor sie auf das Pflaster sinkt. Sie hat nicht das Bewusstsein verloren, hat nicht einmal die Augen geschlossen: Köpfe, T-Shirts, Hosen, Turnschuhe, das schmutzige Grau des Bodens, dann eine Leere um sie herum. Mehrere Frauen strecken ihr die Hand entgegen, doch eine von ihnen – die Älteste – wartet nicht auf eine Reaktion von ihr; sie packt sie unter den Achseln und zerrt Alicia hoch. Es gelingt ihr jedoch nicht, naive Alte, eine Teenagerin, die sie begleitet – vermutlich ihre Enkelin, obwohl Alicia keine Spur Ähnlichkeit mit der Alten findet –, springt ihr bei, und sie hieven sie mit vereinten Kräften nach oben. Bis jetzt ist Alicia hier fast nur jungen Frauen begegnet, einige in ihrem Alter, aber die Gruppe, die sie umgibt, ist eine Ausnahme: Die meisten sind fünfzig, sechzig, noch älter. Die alte Frau – über sechzig, das Haar gefärbt, kurz wie das eines Mannes – fragt, ob es ihr gutgehe, reicht ihr eine kleine Flasche mit allzu warmem Wasser und fragt, ob sie auf ihre Begleiterinnen warte. Alicia mustert das T-Shirt des Mädchens »FRAUEN VON PAN BENDITO ... VEREINT EUCH!«, Comic Sans in Weiß auf violettem Grund. Sie verneint, sie sei auf dem Weg nach Hause, habe bis jetzt gearbeitet und sei nur aus Neugier hier.

»Nicht zusehen, sondern zupacken, mehr Frauensolidarität!«, hört sie hinter sich. Die Alte hat ein nettes Gesicht, eine kleine dunkle Warze am Kinn. Alicia hört bei ihr Färbungen – verwischte Konsonanten, breite Vokale –, deren Neutralisierung sie selbst so viel Mühe gekostet hat. Du kannst bei uns bleiben, bietet sie an, während Alicia immer noch ihr Kinn mustert; nicht die Warze, sondern das Kinn.

Eine Frau geht zu Boden. Sie taumelte ein paar Schritte vorwärts, griff nach dem Arm eines Mädchens, das sich mit seiner Gruppe unterhielt und ihr den Rücken zukehrte, nach der Schulter eines Jungen, der ein Transparent trug, und als ihre Beine nachgeben und die Frau umkippt, stößt sie im Fallen gegen mehrere Körper. Als sie auf das Pflaster prallt, weichen die anderen Frauen unwillkürlich zurück, entfernen sich von ihr; der Körper, der Fall, die Schwäche, sie haben eine Druckwelle erzeugt. María hilft ihr als Erste auf die Beine; allein schafft sie es nicht, die Frau ist zu schwer, also versucht sie es gemeinsam mit einer von den Jüngeren. Es gelingt ihnen, weil die Frau zu sich kommt und das Ihre beiträgt. Geht es dir gut, trink etwas Wasser, wartest du auf deine Begleiterinnen: María reiht eine Frage an die andere. Vielleicht ist sie auch zu Fuß aus einem anderen Viertel gekommen – sie sind vor mehreren Stunden mit einer Gruppe im Süden der Stadt aufgebrochen und haben sich unterwegs mit Frauen aus anderen Bezirken vereint –, vielleicht ist sie zurückgefallen, die Handybatterie leer, und findet ihre Leute nicht mehr.

In der Bürgerinitiative fanden sie es eine schöne Idee: kein Treffen gleich vor dem Bahnhof, sondern der gemeinsame Weg vom Viertel aus, in dem sie leben und für das sie arbeiten, sich anderen Frauen anschließen, die sie nicht kennen, aber mit denen sie all die Stunden Engagement in Initiativen gemein haben, das Ausfüllen von Anträgen, die Suche nach Lösungen für die Probleme der anderen. So hatte es Laura erklärt, als sie ihnen eröffnete: Wir gehen von hier aus los, von unserem Platz, von dem Platz aus, auf dem wir schon frühmorgens Flyer verteilen und allen Frauen, die vorbeikommen, unsere Forderungen erklären werden, auch den Männern, die zuhören möchten. Wir könnten Training in Empowerment geben, wurde aus der Gruppe der Jüngeren vorgeschlagen, und María hatte das Gefühl, dass dieses Wort einige Frauen im Viertel, die an gewisse Ausdrücke nicht gewöhnt sind, abschrecken könnte. Generell hat María den Eindruck, dass ihre Botschaften die Frauen im Viertel oft ausschließen, die älteren Frauen, die nicht mehr für andere sorgen müssen, sondern die selbst Fürsorge nötig haben, die Immigrantinnen, die Gitanas, all die, die sich nicht gut auf den Veranstaltungsfotos machen, die in den sozialen Netzwerken geteilt werden. Doch letztlich, dachte sie, hatte auch das mit Macht zu tun, mit Geld. Jemand musste es heranschaffen, gewährleisten und dann gerecht verteilen.

Die Frau verneint, sie wolle nach Hause und müsse eine U-Bahn-Station erreichen. Beim Sprechen artikuliert sie überdeutlich, lässt kein einziges Plural-s unter den Tisch fallen, vernuschelt kein Partizip, schämt sich ihres Akzents. Nach diesen Worten schimpfen einige der jungen Frauen aus der Gruppe, verurteilen ihre Einstellung, doch María hört ihr gar nicht zu, sondern mustert sie nun: das Gesicht kreidebleich, vielleicht wegen des Schwächeanfalls, die Augen winzig und dunkel, die Figur einer Frau, die nicht mehr auf sich achtet; das üppige, schlaffe Fleisch, das Kinn voller Pickel, hier und da ein Haar. Einen Moment lang denkt María: das Kinn. Die Augen sind anders als die in meinem Gedächtnis, erst seine, dann ihre: Wie anders wäre mein Leben verlaufen, wenn ich sie nie gesehen hätte. Es ist kein junges Mädchen mehr, die Frau, die ihr die Wasserflasche zurückgibt, ist bereits über dreißig. Sie besteht darauf, zu gehen, dankt für ihre Hilfe; ihre Stimme verrät Hast, Nervosität. María macht einen letzten Versuch, will sie nicht zum Bleiben überreden, sondern dass sie mehr von sich preisgibt: das genaue Alter, den Namen, die Herkunft, die sie vertuschen möchte. Ich heiße María, und du? Sie will wenigstens ihren Namen erfahren. Vielleicht heißt sie Alicia oder Eva; dem Alter nach müsste sie Alicia sein, dieses intelligente, spröde Mädchen, von dem ihr Chico erzählt und dem der Tod des Vaters am schlimmsten zugesetzt hat. Doch am Ringfinger der Rechten sieht María einen Ehering. Das hätte Chico ihr erzählt, zumindest das, glaubt sie, sosehr sie sich all die Zeit geweigert hat, mehr zu erfahren. Soweit sie weiß, hat keine von Carmens Töchtern geheiratet. Die Frau hält inne, dreht sich wieder zu María um, antwortet nicht. María lächelt sie an, verabschiedet sich, wünscht ihr viel Glück. Gewissermaßen beglückwünscht sie sich selbst. Fast erleichtert atmet sie auf: Nein, sie ist nicht Alicia, ist nicht Eva. Sie hat sich schlicht und einfach getäuscht.

Wirklich? Einen Moment lang hatte sie geglaubt, im Kinn der alten Frau ihr eigenes entdeckt zu haben, das sie so stört. Alicia, mahnt sie sich selbst, denk nicht weiter drüber nach. Wie viele plumpe Kinne sind ihr in all den Jahren nicht untergekommen? Alicia hat schon manches grobe Kinn gesehen und war nicht auf den Gedanken gekommen, dass sie mehr mit ihm verbindet als ein dummer Streich des Körpers. Während sie blindlings Santa María de la Cabeza hinuntergeht – da wird sie schließlich beim Fluss landen, am anderen Ende der Stadt –, versucht Alicia, sich die Szene vorzustellen, in der ihr fast noch halbwüchsiger Vater ihrer tatsächlich noch halbwüchsigen Mutter erklärt, es sei vielleicht keine gute Idee, ihrer Tochter den Namen der Frau zu geben, die sie hasst: Alicia hätte María geheißen, wenn sich ihre Mutter durchgesetzt hätte. Demnach müsste ihr imaginäres Baby Carmencita heißen, der Name der Frau, die ihr Leben zerstört hat, ein gieriges Monster: Die Kleidung, die sie trug, und das Essen, das sie aß, hatte Alicias Vater im Schweiße seines Angesichts bezahlt und mit dem Blut, das in ihren Träumen Nacht für Nacht seinen Anzug befleckt. Alicia hätte ein schönes Leben geführt: Privatschule in einem guten Viertel, angesehene Universität, garantierte

Anstellung im Familienunternehmen. Was hat sie jetzt für eins, fragt sie sich, während sie sich auf dem Gehweg einem Mann nähert, der auf einer Bank mit seinem Handy beschäftigt ist; wenn er nicht anspringt, wird sie die Marqués de Vadillo hinuntergehen müssen, ob sie da jemanden aufgabelt. Genau das braucht sie jetzt: einen anderen Namen, einen anderen Beruf, sich zwei Stunden vergnügen, für Nando fällt ihr schon eine Ausrede ein. Alicia sagt sich wieder und wieder und wieder: Wer auch immer du bist, Alte, für dich bin ich niemand. Radier mich aus, als hättest du mich mit Bleistift auf die Supermarktwerbung geschrieben: ein Wisch, und es gibt mich nicht mehr. Dein Akzent, Alte, dein Kinn: Es gibt mich nicht.

Als Alicia die Haustür öffnet, schnarcht Nando bereits mitten im Bett, die Beine gespreizt, die Arme ausgestreckt, als zeigte er ihr die Richtung: raus hier. Alicia hatte erst die Verspätung ihrer Kollegin vorgeschoben und ihn angelogen. Sie schickte ihrem Mann eine WhatsApp, die andere habe niemanden gefunden, der auf ihre Kinder aufpasse, und sie gebeten einzuspringen. Sei bloß nicht zu gutmütig, warnte sie Nando, wenn du einmal nachgibst, was sagst du dann beim nächsten Mal? Eine Hand wäscht die andere, antwortete Alicia, dazu ein wunderbares Emoji mit einem Kuss und einem Herz. Um zehn Uhr abends hätte sie längst antworten müssen: kommst du wie üblich an, wann bist du fertig, wie geht es, alles in Ordnung, ich hole dich an der U-Bahn ab. Um zwölf schaltete sie das Handy aus, damit nicht einmal der Bildschirm aufleuchtete, wenn Nando anrief. Alicia wusste nicht, wie sie noch lügen sollte. Sie roch nach Alkohol, hoffentlich nicht nach Kotze, nur zweimal hatte sie auf dem Klo würgen müssen. Sie zog sich aus und versuchte, sich in den winzigen freien Raum neben ihn zu zwängen. Er merkte es, machte Platz und überließ ihr die Hälfte der Matratze. Alicia, als du das zweite Mal bei mir warst, erinnerst du dich? Ja, entgegnete sie. Da habe ich dich gebeten, dass du nett mit mir umgehst. Das war dein Teil der Abmachung, und du erfüllst ihn nicht.

Diese junge Frau, die bei Atocha neben unserer Gruppe umgekippt ist, denkt María. Wie seltsam, zuerst ist mir ihre Redeweise aufgefallen, der überspielte Akzent; man hat gemerkt, wie sie die *s* und *d* extra betont, und ich fand es traurig, dass sie sich ihrer Herkunft so schämt. Aber dann habe ich mir das Kinn angesehen, die gleiche grobe Form wie bei meinem. Ich habe ihr Alter geschätzt und gedacht, sie könnte meine ältere Enkelin sein. Ich weiß gar nichts über sie; ich selbst habe meinen Bruder gebeten, mir nichts zu erzählen, mir keine Fotos zu zeigen. Ich habe sie nie gesucht, aber dann: Vielleicht mussten wir uns gerade heute, unverhofft, begegnen. María hörte ihren Begleiterinnen zu, versuchte, sich abzulenken. Sie gelangten erst nach Stunden ans Ziel des Demonstrationszugs, und als die Frauengruppen aus den am weitesten entfernten Vierteln endlich die Plaza de España erreichten, waren Lichter und Musik schon ausgeschaltet. Viele klagten über Müdigkeit und Schmerzen; andere wollten partout nicht einmal die öffentlichen Verkehrsmittel benutzen. María erzählte: Ich habe einige Jahre hier in der Nähe, in einer Wohnung gearbeitet, als Hausangestellte bei einer Mutter und ihrer Tochter. Die Mutter ist gestorben, als ich allein mit ihr war, an dem Tag, als Franco beerdigt wurde, die Tochter war im Valle de los Caídos. Und was ist passiert, María? Nichts. Ich habe noch ein paar Wochen weitergearbeitet, dann hat sie mich nicht mehr gebraucht. Die Jüngeren gingen zu Fuß nach Hause, ein Weg von mehreren Stunden. María, Laura und ein paar andere gingen bis Argüelles und nahmen dort die U-Bahn.

Verbraucherstreik schön und gut, aber keinen Streik, der mich verbraucht, sagten sie. Wäre ich gegebenenfalls bereit, fragte sich María, mein jetziges Leben für jemanden zu ändern, den ich nicht kenne? María denkt an den heutigen Tag. Ich muss mich am heutigen Tag festhalten. Und sie zählt die Haltestellen bis nach Hause, überzeugt, dass nein, ganz sicher: nein.

María schließt die Tür ihrer Wohnung. Sie macht Licht, nimmt sich Zeit, durchquert sie ganz langsam, Zimmer für Zimmer. Bei der letzten Vertragsverlängerung hat sie mit ihrem Vermieter, dem Enkel der ursprünglichen Vermieterin, gescherzt: Wenn du sie später meinem Nachmieter zeigst, kannst du ihm sagen, die Vormieterin hat sich so gut betragen, dass sie hier sterben durfte. Er steckte es weg und fügte hinzu: Na hör mal, bis dahin ist's noch lang. Ihre Hündin schläft im Wohnzimmer, alt und müde wie sie. Sie hat ihr den Namen Leidi gegeben. Das Sofa hat sie mehrmals neu beziehen lassen, den Fernseher letzte Weihnachten ausgetauscht, das hat sie sich gegönnt; das Schlafzimmer ist noch wie vor Jahren, Jahrzehnten, nichts ziert den Nachttisch. Im Wohnzimmer hat sie Regale angebracht, für ihre Bibliothek. Es macht sie stolz, für ihre Bücher zu bezahlen, sie den Gästen zu präsentieren. Ihre Sehkraft lässt zunehmend nach, das Kleingedruckte macht ihr Mühe. All das, was geschehen ist, war es der Mühe wert? Alles, vom Anfang bis zum Ende: ausnahmslos. Der heutige Tag zum Beispiel: bis zur Rückkehr nach Hause, dem Schließen der Tür, dem Anschalten des Wohnzimmerlichts. Die Miete ihrer winzigen Wohnung. Ihr Regal. Ihr Fernseher. Ihr Sofa. Darauf setzt sich María nun, ruht aus.

# INHALT

**Jennifer Clement**
**Gun Love**
Roman
Aus dem amerikanischen Englisch
von Nicolai von Schweder-Schreiner
st 5030. 251 Seiten
(978-3-518-47030-5)
Auch als eBook erhältlich

**»*Gun Love* ist die herzzerreißende Geschichte einer
Mutter-Tochter-Symbiose und ein Loblied auf das Leben
der Ausgespuckten und Verworfenen.«**
*Frankfurter Allgemeine Zeitung*

Seit ihrer Geburt lebt Pearl im Auto, sie vorne, ihre Ausreißer-
Mutter auf der Rückbank. Vierzehn Jahre stehen die beiden jetzt
schon am Rande eines Trailerparks irgendwo in Florida. Draußen
vor der Windschutzscheibe ist die Welt den Waffen verfallen:
Kinder wachsen mit Pistolen statt Haustieren auf, Schießübun-
gen immer und überall, mal Alligatoren, mal den Fluss, mal Polizisten im Visier, und sonntags sitzt man beim Gottesdienst mit
der geschulterten Schrotflinte in der ersten Reihe. Doch im Ford
Mercury wirken andere Kräfte, hier lernt Pearl das Träumen.
Bis ein schöner Mann und seine Pistolen alles verändern …

**»Literarisch ist Gun Love hervorragend inszeniert
in einer selten authentischen Perspektive auf die
amerikanische Tragödie.«** *Neue Zürcher Zeitung*

## suhrkamp taschenbuch